Sammlung

Aufserdeutscher Strafgesetzbücher

in Deutscher Uebersetzung.

Herausgegeben von der Redaktion

der

Zeitschrift für die gesamte Strafrechtswissenschaft.

XVII.

Die Bulgarische Strafprozefsordnung vom 3. April 1897.

BERLIN 1902.

J. Guttentag, Verlagsbuchhandlung,

G. m. b. H.

Die

Bulgarische Strafprozeſsordnung

vom 3. April 1897.

Übersetzt

von

Dr. A. Teichmann,

ord. Professor an der Universität Basel.

BERLIN 1902.

J. Guttentag, Verlagsbuchhandlung,

G. m. b. H.

Die Übersetzung ist von mir nach der amtlichen Veröffentlichung in der vom Justizministerium herausgegebenen Gesetzsammlung für das Fürstentum Bulgarien (Bd. VI, Teil I) — Sofia, Druckerei von Iw. H. Gowedaroff & Cie. 1897 — Seite 359—448 besorgt. Ebenda findet sich S. 355—358 das ergänzende Gesetz über Gerichtsbeisitzer vom 5. März 1897.

Diese Strafprozeſsordnung — eine Revision der bisherigen von 1878/80 — ist wesentlich der russischen Kriminalprozeſsordnung vom 20. November 1864 entnommen. Eine gute deutsche Übersetzung dieser letztern wurde in dem Werk „Die Gerichtsordnungen vom 20. November 1864, St. Petersburg 1868, von Constantin Hackel (Heidelberg 1867) veröffentlicht und von mir benutzt. Eine eingehende Besprechung der bulgarischen Strafprozeſsordnung gab Herr Dr. M. St. Schischmanov, z. Z. der fürstlich bulgarischen Agentie in Wien zugeteilt, in dem „Jahrbuch der Internationalen Vereinigung für vergleichende Rechtswissenschaft und Volkswirtschaftslehre in Berlin", III. Jahrgang 1897, Seite 331—342; ebenso Herr Raoul de la Grasserie in der „Revue pénitentiaire" 1899, pp. 61—73.

Dem bulgarischen Justizministerium verdanke ich die Übersendung oben genannten Bandes der Gesetzsammlung, in dem sich auch das neue Bulgarische Handelsgesetzbuch vom 18. Mai 1897 mit 833 Artikeln (Seite 449—619) findet.

Basel, Mai 1899. / April 1902.

Prof. Dr. A. Teichmann.

Inhalt.

Drittes Buch.

Verfahren vor den Kreisgerichten.

Viertes Buch.

Beschwerdeführug gegen Urteile der allgemeinen Gerichtsbehörden.

Fünftes Buch.

Vollstreckung von Urteilen.

Allgemeine Bestimmungen.

Art. 1. Die gerichtliche Verfolgung wird durch Amtspersonen, wie auch durch Private veranlaſst.

Art. 2. In den vor die Friedensrichter gehörigen Strafsachen ist die Anklageerhebung den durch strafbare Handlungen verletzten Privatpersonen, aber auch polizeilichen und andern administrativen Behörden in den gesetzlich bestimmten Grenzen überlassen.

Art. 3. Bei den vor die Kreisgerichte gehörigen Strafsachen ist die Anklageerhebung den Staatsanwälten und ihren Gehilfen überlassen, ausgenommen solche, die auf Grund der Gesetze durch Rückzug der Klage geendet werden können und bei denen die gerichtliche Anklageerhebung ausschlieſslich den Verletzten als Privatanklägern überlassen ist.

Art. 4. Wer durch eine strafbare Handlung Schaden und Verlust erlitten hat, sich aber seiner Rechte als Privatankläger nicht bedient, kann seine Schadensersatzforderung zur Feststellung in der Gerichtssitzung über die Sache stellen und wird in diesem Fall als an der Sache beteiligter Zivilkläger erachtet.

Versäumt der Verletzte diesen Termin, so kann er seine Ersatzforderung nur vor dem Zivilgericht stellen und zwar nach endgiltiger Entscheidung der Strafsache.

Art. 5. Niemand darf auſser in den gesetzlich bestimmten Fällen verhaftet, noch in gesetzlich dazu nicht bestimmten Räumen in Haft gehalten werden.

Art. 6. Ein Antrag auf Anhaltung und Verhaftung einer Person wird nur dann vollzogen, wenn er in der durch die Vorschriften dieses Gesetzes bestimmten Weise gestellt ist.

Art. 7. Jeder Richter oder Staatsanwalt, der weiſs, daſs in den Grenzen seines Gerichtskreises jemand in Haft gehalten ist, aber nicht an gehörigem Orte oder ohne Anordnung seitens der am Orte ermächtigten Behörden oder Personen, hat Maſsregeln zu ergreifen, daſs die Anhaltung in vorgeschriebener Weise erfolge oder der unrechtmäſsig Verhaftete freigelassen werde.

Art. 8. Alle Gerichtsbehörden haben die Sachen nach dem wahren Sinn der bestehenden Gesetze zu entscheiden, im Falle der Dunkelheit oder des Widerspruchs in den Gesetzen, nach denen die strafbare Handlung bestraft wird, ihr Urteil auf den Geist der Gesetze im allgemeinen zu gründen.

Art. 9. Es ist verboten, die Entscheidung von Sachen unter dem Vorwande abzulehnen, daſs keine Gesetze vorhanden seien oder daſs sie unvollständig, unklar oder widersprechend sind. Bei Nichtbeachtung dieser Vorschrift haben sich die Schuldigen wegen Rechtsverweigerung zu verantworten.

Art. 10. In Strafsachen verantwortet jeder nur sich selbst. Für Ersatz des durch ein Verbrechen angerichteten Schadens können für den Angeschuldigten auch andre Personen, doch nur in den gesetzlich bezeichneten Fällen, haften.

Art. 11. Eine gerichtliche Verfolgung kann rücksichtlich strafrechtlicher Verantwortlichkeit eines Angeklagten nicht eingeleitet werden und ist, wenn begonnen, fallen zu lassen

1. wenn der Angeschuldigte gestorben ist;
2. wenn die für die strafbare Handlung gesetzlich festgesetzte Verjährung abgelaufen ist;
3. wenn in den gesetzlich bezeichneten Fällen der Privatankläger die Klage zurückgezogen hat, und
4. wenn Amnestie eintrat.

Art. 12. Endet die gerichtliche Verfolgung wegen der im vorstehenden Artikel bestimmten Gründe, so werden die vor Gericht gestellten Anträge auf Ersatz von Schaden und Verlust, der durch die strafbare Handlung entstanden ist, durch dieses selbe Strafgericht entschieden.

Endet die gerichtliche Verfolgung jedoch wegen vorgenannter Gründe vor strafgerichtlicher Entscheidung der Sache im Kreisgericht, so wird den Forderungen betreffs Ersatzes des durch die strafbare Handlung entstandenen Schadens und Verlustes keine Folge gegeben, sondern sie werden gegen den Angeschuldigten im Zivilgericht eingebracht.

Art. 13. Im Fall der Beendigung der gerichtlichen Verfolgung nach Art. 11³ wird der Rückzug der Klage auch als Verzicht auf die Zivilforderung erachtet, auſser wenn der Verletzte ausdrücklich sich den Anspruch auf diese vorbehält.

Art. 14. Ein durch rechtskräftiges Urteil des zuständigen Gerichts Freigesprochener kann nicht von neuem wegen dieses Verbrechens verfolgt werden, wenn auch neue Umstände zu seiner Überführung entdeckt wurden.

Art. 15. Ein durch rechtskräftiges Urteil zu irgend welcher Strafe Verurteilter kann nicht von neuem wegen derselben That gerichtet werden, wenn auch nachträglich sich Umstände zeigten, die seine Schuld erhöhen.

Art. 16. Die Bestimmungen der Artt. 14 und 15 finden keine Anwendung auf Fälle, in denen gerichtlich ermittelt wird, daſs das erste Urteil zufolge Betruges, Bestechung oder eines andern Verbrechens erlassen wurde.

Art. 17. Ein Angeschuldigter, gegen den das Verfahren ordnungsgemäſs ohne Fällung eines Urteils eingestellt wurde, kann von neuem auf besondere Verfügung des Gerichts zur Verantwortung gezogen werden, wenn vor Ablauf der Verjährungsfrist neue Umstände zu einer Überführung sich zeigten.

Art. 18. Auffindung von Beweisen, dafs ein Verurteilter unschuldig ist oder zufolge Irrtums des Gerichts eine höhere Strafe als die auf die That entfallende erlitten hat, gilt als Grund zur Wiederaufnahme der Sache in der dafür bestimmten Ordnung.

Art. 19. Wiederherstellung der Ehre und der Rechte eines unschuldig Verurteilten ist jederzeit zulässig ohne Rücksicht auf Verjährung oder Tod des Verurteilten.

Art. 20. Hängt die Entscheidung der Strafbarkeit einer That von ordnungsmäfsiger Feststellung eines Rechtes an unbeweglichem Vermögen, Bestehens einer Ehe oder des Zivilstandes einer Person ab, so wird die strafgerichtliche Verfolgung nicht begonnen und eine begonnene gehemmt, bis die Streitfrage vom Zivilrichter entschieden ist.

Art. 21. Ein Endurteil des Zivilgerichts in Fragen, die seiner Beurteilung unterliegen, ist für das Strafgericht nur rücksichtlich Existenz des Ereignisses oder der Handlung bindend.

Art. 22. Ein Endurteil des Strafgerichts über die Fragen, ob wirklich das Verbrechen verübt wurde, ob vom Angeklagten und welcher Art die That ist, bindet den Zivilrichter in allen Fällen, in denen sich aus solchem Urteil Zivilfolgen der That ergeben, die Gegenstand des strafgerichtlichen Urteils war.

Art. 23. Wird eine Handlung des Angeklagten nicht als Verbrechen erachtet oder ihm nicht zur Schuld zugerechnet, so wird damit die Zivilforderung von Schaden und Verlust, der dadurch entstanden, der strafgerichtlichen Beurteilung nicht entzogen. Doch kann das Gericht im ersten Fall, wenn die Entscheidung der Zivilforderung rücksichtlich ihrer Höhe Schwierigkeiten bietet, dem Interessenten Anbringung seiner Forderung vor dem Zivilgericht überlassen.

Art. 24. Der gerichtlich Freigesprochene hat in den gesetzlich vorgesehenen Fällen (Art. 471—474) das Recht auf Ersatz von Schaden und Verlust, der ihm durch ungerechte Anschuldigung entstanden.

Erstes Buch.

Gerichtsstand.

I. Kapitel.

Gerichtsstand nach der Art der Verbrechen.

Art. 25. Den Kreisgerichten unterliegen in erster Instanz alle Strafsachen, die nicht zur Zuständigkeit der Friedensrichter gehören.

Art. 26. Den Kreisgerichten mit Zuziehung von Gerichtsbeisitzern unterliegen alle Verbrechen, die im Strafgesetz nicht mit niedrigerer Strafe als 5 Jahre Zuchthaus bedroht sind, ebenso die in den Artt. 102, Abs. 2 und 3, 104, 110, 113, 120, 121, 123, 126, 128, 138 und 139 desselben Strafgesetzes bedrohten.

Art. 27. Wird jemand mehrerer Verbrechen angeschuldigt, von denen die einen der Beurteilung des niederen, die andern der des höheren Gerichts unterliegen, so wird die Sache von dem Gericht entschieden, dem das schwerste dieser Verbrechen unterliegt. Übrigens kann das Gericht, wenn es dies zweckmäfsig erachtet, diese Sachen getrennt behandeln.

Art. 28. Eine strafbare Handlung, die mehrere Strafgesetzbestimmungen verletzt, unterliegt der Beurteilung des Gerichts, das für die höchste Strafe zuständig ist.

Art. 29. Alle Teilnehmer an einem Verbrechen werden von einem Gericht abgeurteilt, und zwar von demjenigen, dem die Hauptschuldigen unterliegen oder in dessen Sprengel die Mehrzahl gleich Schuldiger sich befindet. Sind aber einzelne Teilnehmer am Verbrechen vor das höhere, andre vor das niedere gehörig, so steht die Beurteilung aller Schuldigen dem höheren Gerichte zu.

II. Kapitel.

Gerichtsstand nach dem Ort des begangenen Verbrechens.

Art. 30. Jede strafbare Handlung wird mit Ausnahme der gesetzlich besonders bezeichneten Fälle an dem Orte verfolgt, wo sie begangen ist, und von dem Gerichte abgeurteilt, dem diese Örtlichkeit unterworfen ist.

Ist der Ort des begangenen Verbrechens unbekannt, so gehört die Sache vor das Gericht, in dessen Sprengel der Angeschuldigte verhaftet ist oder seinen Wohnsitz hat.

Art. 31. Ist das Verbrechen in dem einen Sprengel begonnen und in einem andern fortgesetzt, so gehört die Sache vor das Gericht, wo die letzte strafbare Handlung vorfiel.

Art. 32. Bei Zusammentreffen strafbarer Handlungen, die in verschiedenen Gerichtssprengeln begangen sind, gehört die Sache vor das Gericht, in dessen Sprengel das schwerste verübt ist, und bei gleicher Schwere der Thaten vor das, das dem Orte der Verhaftung des Angeschuldigten zunächst gelegen ist.

Art. 33. In den vorstehend genannten Fällen wird die Vor untersuchung jeder der strafbaren Handlungen von dem Unter suchungsrichter des Gerichts vorgenommen, in dessen Sprengel die selbe verübt ist, und durch den örtlichen Staatsanwalt des zustän digen Gerichts anhängig gemacht.

Art. 34. Hat ein und derselbe Angeklagte an strafbaren Handlungen teilgenommen, die von verschiedenen Personen begangen sind und vor verschiedene Gerichtshöfe gehören, so wird, nachdem von jedem Gericht die ihm unterliegende Sache behandelt ist, die Bestrafung solcher Angeklagten nach den Bestimmungen über Zusammentreffen von Verbrechen von dem Gerichte besorgt, welches das schwerste Verbrechen verhandelt hat.

Art. 35. Wer aufserhalb des Gebietes von Bulgarien ein Verbrechen beging, wird in Bulgarien von dem Gerichte abgeurteilt, in dessen Sprengel er gefafst und verhaftet wurde oder später seinen Wohnsitz hatte.

Art. 36. Ist die strafbare Handlung auf einem bulgarischen Fahrzeug im Ausland oder auf offenem Meere begangen, so wird sie von dem Gericht abgeurteilt, in dessen Sprengel der Heimatshafen des Schiffes liegt oder jener bulgarische Hafen, wo das Schiff vorläufig nach Begehung des Verbrechens ankern soll.

Art. 37. Wenn jemand, der einem Gerichte Bulgariens wegen eines aufserhalb seiner Grenzen verübten Verbrechens unterliegt, auch noch einer andern strafbaren Handlung im Inlande angeschuldigt wird, so wird die Sache an dem Orte abgeurteilt, wo die inländische strafbare Handlung verübt ist und, sind mehrere strafbare Handlungen verübt, dann von dem inländischen Gerichte, dem das schwerste Verbrechen seiner Art nach unterliegt.

III. Kapitel.

Besondere Gerichtsstände.

Art. 38. Gerichts-, Verwaltungs- und sonstige Beamte unterliegen für die in Ausübung ihrer Amtspflichten begangenen Verbrechen den Kreis- und Appellationsgerichten und dem Hohen Kassationshof in der gewöhnlichen Ordnung der Strafprozefsordnung unter Beachtung nachfolgender Vorschriften.

Art. 39. Die Einleitung einer Strafverfolgung gegen Friedensrichter, Untersuchungsrichter, Gerichtsbeisitzer, Richter und Staatsanwälte der Kreisgerichte wegen der in Ausübung ihrer Amtspflichten begangenen Verbrechen erfolgt auf Bestimmung des Appellationsgerichts, Zivilabteilung, gegen Richter und Staatsanwälte des Appellationsgerichts und Staatsanwälte des Hohen Kassationshofs auf die des Hohen Kassationshofes, Zivilabteilung. Gegen andre Gerichtsbeamte erfolgt sie bei solchen Verbrechen auf Bestimmung des Kreisgerichts.

Art. 40. Alle Schritte der Strafverfolgung gegen die im vorigen Artikel genannten Beamten erfolgen bei den betreffenden Gerichtsbehörden, von denen die Strafverfolgung abhängt, nach Einziehung von Ermittelungen, wenn nötig, seitens eines der Mitglieder dieses Gerichts.

Von jeder Einleitung einer Strafverfolgung gegen Beamte wird dem Justizminister Bericht erstattet.

Art. 41. Nach Einleitung der Strafverfolgung kann die betreffende Gerichtsbehörde, wenn sie dies in Anbetracht der Schwere der That für nötig erachtet, Entfernung des Beamten aus dem Dienst beim Justizminister beantragen.

Art. 42. Die Voruntersuchung wegen der in Ausübung von Amtspflichten begangenen Verbrechen erfolgt durch eines der Mitglieder des Gerichts, dem die That unterliegt. Nach Beendigung derselben geht sie an den Staatsanwalt des zuständigen Gerichts, damit dieser ihr in der gewöhnlichen Form der Strafprozeſsordnung weiteren Fortgang gebe.

Art. 43. Friedensrichter, Untersuchungsrichter, Richter und Staatsanwälte des Kreisgerichts werden wegen der in Ausübung ihrer Amtspflichten begangenen Verbrechen vom Appellationsgericht wie in erster Instanz abgeurteilt; aber Richter und Staatsanwälte des Appellationsgerichts und des Hohen Kassationshofes vom Hohen Kassationshof in Plenarversammlung. Andre Gerichtsbeamte werden wegen solcher Verbrechen von dem zuständigen Kreisgericht abgeurteilt.

Art. 44. Die Einleitung einer Strafverfolgung gegen Beamte der Verwaltung und andrer Behörden wegen der in Ausübung ihrer Amtspflichten begangenen Verbrechen erfolgt auf Verfügung des betreffenden Ministers, wenn sie durch allerhöchsten Erlaſs angestellt sind, sonst seitens der Beamten, von denen sie zum Dienst bestellt sind.

Art. 45. Die gesetzlichen Schritte behufs Einleitung der Strafverfolgung gegen Beamte von Administrativ- und andern Behörden wegen Dienstverbrechen erfolgen seitens der zuständigen Staatsanwaltschaft. Wenn der Staatsanwalt es nicht für nötig erachtet, sich durch eigene Ermittelung von der Begründung der Beschuldigung zu versichern, trägt er auf Entscheidung über Einleitung der Strafverfolgung gegen solche Beamte durch den betreffenden Minister oder Vorgesetzten an, der seine Zustimmung oder Ablehnung binnen eines Monats zu erklären hat. Nichtbeantwortung gilt als Zustimmung. Meinungsverschiedenheiten zwischen Minister und Staatsanwalt werden von letzterm pflichtschuldigst vermerkt und vom Hohen Kassationshof entschieden, solche zwischen dem Staatsanwalt und andern Vorgesetzten vom Appellationsgericht.

Art. 46. Nach Einleitung der Strafverfolgung gegen einen Beamten einer Administrativ- oder andern Behörde beantragt der Staatsanwalt nach Schwere der That bei der betreffenden vorgesetzten Behörde entweder zeitweilige Enthebung oder Entlassung desselben.

Art. 47. Handlungen von Beamten, die als in Ausübung ihrer Amtspflichten begangene Verbrechen angesehen werden, werden im Strafverfahren von dem zuständigen Gericht ohne Zuziehung von Gerichtsbeisitzern beurteilt.

Art. 48. Militärs der Land- und Seemacht unterliegen für die von ihnen im aktiven Dienste begangenen Verbrechen dem Kriegsgericht mit Ausnahme der unten angegebenen Fälle.

Art. 49. Nach ihrer Dienstentlassung werden Militärs dem Kriegsgericht nur für die während aktiven Dienstes von ihnen begangenen Verbrechen, die mit Verletzung militärischer Dienstpflichten verbunden waren, überliefert; für alle übrigen Verbrechen werden sie dem Strafgericht des Zivilressorts überliefert.

Art. 50. Militärs unterliegen für die von ihnen während unbestimmten Urlaubs oder in Reservestellung und allgemein nicht im aktiven Dienste begangenen Verbrechen dem Strafgericht des Zivilressorts, wenn diese nicht offenbar eine Verletzung militärischer Dienstpflichten darstellen.

Art. 51. Personen des Landsturmes werden dem Kriegsgericht nur in den Fällen überliefert, wenn sie im Militärdienst stehen oder ihre Verbrechen als Verletzung ihrer Militärdienstpflichten gelten.

Art. 52. Personen des Zivilressorts werden dem Kriegsgericht ausschliefslich an den Orten überliefert, die in Kriegszustand erklärt sind, und nur für diejenigen Verbrechen, die in dem bei dieser Gelegenheit erfolgten Allerhöchsten Befehl namentlich bezeichnet sind.

Art. 53. Geistliche der christlichen Bekenntnisse werden wegen der von ihnen verübten Verbrechen in der gewöhnlichen Form der Strafprozefsordnung abgeurteilt, aufser wo ein besonderes Gesetz hierfür besteht.

Art. 54. Ausländer sind für die von ihnen in Bulgarien begangenen Verbrechen den allgemeinen Regeln über den Gerichtsstand unterworfen, sofern nicht eine Ausnahme hiervon in einem Vertrage mit dem ausländischen Staate, dessen Unterthanen die Angeschuldigten sind, festgestellt ist.

Art. 55. Sachen betreffend Handlungen von Personen, die in Diensten von diplomatischen Agenten und Konsuln stehen, unterliegen dem Strafgericht nach allgemeinen Grundsätzen, wenn nicht betreffs derselben in den Verträgen mit auswärtigen Staaten eine Ausnahme gemacht ist.

IV. Kapitel.

Entscheidung von Streitigkeiten über den Gerichtsstand.

I. Streitigkeiten zwischen Gerichtsbehörden.

Art. 56. Jede Gerichtsbehörde entscheidet selbst über ihre Zuständigkeit und darf in keinem Fall bei der höheren Instanz die Entscheidung ihrer Zweifel betreffs der Zuständigkeit beantragen.

Art. 57. Streitigkeiten über Zuständigkeit zwischen Kreisgerichten im Sprengel eines Appellationsgerichts werden von diesem entschieden; gehören sie zu verschiedenen Appellationsgerichten, so werden sie von dem Appellationsgericht entschieden, in dessen Sprengel die Sache zuerst anhängig gemacht wurde.

Art. 58. Streitigkeiten über Zuständigkeit zwischen Friedensrichtern und dem Untersuchungsrichter werden von demjenigen Kreisgericht entschieden, dem der Untersuchungsrichter angehört.

Art. 59. Haben mehrere Gerichte verschiedenen Ranges endgiltig sich als unzuständig zur Entscheidung einer Sache erklärt, so bestimmt der Hohe Kassationshof das für die Sache zuständige Gericht.

Art. 60. Sachen rücksichtlich Feststellung der Zuständigkeit beginnen entweder durch Vorstellung der Kreisgerichte, zwischen denen eine Meinungsverschiedenheit entstanden ist, oder Antrag der Staatsanwälte oder Beschwerde der Sachbeteiligten.

Art. 61. Streitigkeiten über den Gerichtsstand werden in der Plenarversammlung des zuständigen höheren Gerichtshofes nach Anhörung des Antrags des Staatsanwalts entschieden.

Art. 62. Streitigkeiten über den Gerichtsstand hemmen das bereits begonnene Verfahren nicht; zur Überlieferung an das Gericht und Fällung des Urteils kann jedoch nicht vor endgiltiger Entscheidung der Zuständigkeitsfrage geschritten werden.

Art. 63. Streitigkeiten zwischen Gerichten des Zivil- und Militärressorts oder geistlichen Gerichten werden von der Plenarversammlung des Hohen Kassationshofes nach Anhörung des Antrags des Staatsanwalts entschieden.

II. Streitigkeiten zwischen Gerichts- und Administrativbehörden.

Art. 64. Keine Administrativbehörde oder einer der Beamten ist berechtigt, eine Sache in Behandlung zu nehmen, die bereits in einer Gerichtsbehörde verhandelt wird, bevor diese von der höheren Gerichtsinstanz für nichtig erklärt ist.

Art. 65. Erachtet eine Administrativbehörde oder einer der Beamten eine vor einer Gerichtsbehörde verhandelte Sache als ihr zugehörig, so teilt sie dies dem Gericht durch den zuständigen Staatsanwalt mit, indem sie die Gründe, warum sie die Sache als ihr zugehörig erachtet, anführt.

Art. 66. Im Fall des vorstehenden Artikels gelangt die Streitfrage zur Entscheidung des höheren Gerichts, doch wird die Behandlung in dem Gerichte, in dem der Streit entstand, bis zu deren Entscheidung eingestellt.

Art. 67. Streitigkeiten über den Gerichtsstand zwischen den Gerichten und andern administrativen Behörden werden endgiltig in der Plenarversammlung des zuständigen höheren Gerichts entschieden.

V. Kapitel.

Übertragung von Sachen von einem Gericht auf ein andres.

Art. 68. Übertragung von Strafsachen aus einem Gerichtskreis in einen andern ist entweder auf Vorstellung des Gerichts, in dessen Sprengel die Sache verhandelt wird, oder auf Bericht des bei dem Gericht angestellten Staatsanwalts oder auch nach Ermessen des höheren Gerichtshofes statthaft.

Art. 69. Die höhere Gerichtsinstanz gestattet die Übertragung einer Sache aus einem Gerichtskreis in einen andern:

1. wenn eine gröfsere Zahl von Angeschuldigten und Zeugen eines in einem Gerichtskreis begangenen Verbrechens im Kreise eines andern Gerichts wohnt, und
2. wenn wegen Entfernung des Orts, an dem das Verbrechen begangen ist, von dem für dasselbe zuständigen Gericht die Verhandlung der Sache in einem jenem Orte näher gelegenen Gerichte geeigneter erscheint.

Art. 70. Aufser den im vorstehenden Artikel angeführten Fällen ist der Hohe Kassationshof berechtigt, Sachen aus einem Gerichtskreis in einen andern zu übertragen:

1. wenn der Vorsitzende, die Mitglieder oder der Staatsanwalt einer strafbaren Handlung beschuldigt sind, die nach allgemeiner Ordnung des Prozesses dem Gerichte unterliegt, an dem sie sich befinden;
2. wenn aus der Verhandlung der Sache bei dem zuständigen Gericht Störung der öffentlichen Sicherheit sich ergeben könnte.

Zweites Buch.

Voruntersuchung.

I. Kapitel.

Personen, die an der Führung der Voruntersuchung teilnehmen.

Art. 71. Die Voruntersuchung erfolgt bei den vor die Kreisgerichte gehörigen Verbrechen durch den Untersuchungsrichter unter Mitwirkung der Polizei und unter Aufsicht des Staatsanwalts.

I. Mitwirkung der Polizei bei der Voruntersuchung.

Art. 72. Über jeden Vorfall, der Anzeichen eines Verbrechens in sich enthält, erstattet die Polizei sofort und niemals später als nach 24 Stunden seit Empfang einer solchen Nachricht dem Untersuchungsrichter und dem Staatsanwalt Bericht.

Art. 73. Die Polizei- und andern Administrativbehörden geben dem Friedensrichter über alle zu seiner Zuständigkeit gehörigen strafbaren Handlungen, die sie entdeckten und die nach Gesetz der Verfolgung ohne Anklage des Verletzten unterliegen, Mitteilung.

Art. 74. Befindet sich am Orte des Vorfalles, der in sich Anzeichen eines Verbrechens enthält, kein Untersuchungsrichter noch Staatsanwalt, so macht die Polizei, die ihm über solche Vorfälle berichtet, gleichzeitig die nötigen Ermittelungen bis zu Ankunft des Untersuchungsrichters.

Art. 75. Sind die Anzeichen des Verbrechens zweifelhaft oder ist die Polizei von dem Vorfall, der in sich solche Anzeichen enthält, nur durch Gerücht (Gerede der Leute) oder überhaupt aus nicht völlig vertrauenswerter Quelle unterrichtet, so hat sie stets, bevor sie hierüber betreffenden Falls berichtet, sich zu vergewissern, ob dieser Vorfall sich wirklich ereignete und Anzeichen eines Verbrechens in sich enthält.

Art. 76. Eine nach vorstehendem Artikel veranstaltete Ermittelung, die nach Meinung der Polizei nicht dem zuständigen Friedensrichter oder Untersuchungsrichter zu übermitteln ist, mufs von ihr dem Staatsanwalt mitgeteilt werden, der sie ohne Folge läfst oder weiter verfolgt.

Art. 77. Bei ihrer Ermittelung sammelt die Polizei alle ihr nötigen Nachrichten durch Nachforschung, mündliche Nachfrage und geheime Beobachtung, ohne Nachsuchungen und Wegnahmen in Häusern vorzunehmen.

Art. 78. Die veranstaltete Ermittelung teilt die Polizei dem Untersuchungsrichter mit, dem sie später auch alle über diesen Gegenstand gesammelten ergänzenden Ermittelungen mitteilt. Macht die Polizei dem Untersuchungsrichter eine Mitteilung, so berichtet sie hierüber dem Staatsanwalt.

Art. 79. Bis zur Ankunft des Untersuchungsrichters ergreift die Polizei die nötigen Mafsregeln, um die Verwischung der Spuren des Verbrechens zu verhindern und dem Verdächtigen die Möglichkeit zu nehmen, sich der Verfolgung zu entziehen.

Art. 80. Die Polizei ergreift Mafsregeln, um dem Verdächtigen die Möglichkeit zu nehmen, sich der Verfolgung zu entziehen, in folgenden Fällen:

1. wenn der Verdächtige bei oder sofort nach Begehung des Verbrechens ergriffen ist;
2. wenn die durch das Verbrechen Verletzten oder aber Augenzeugen direkt auf den Verdächtigen hinweisen;
3. wenn an dem Verdächtigen oder in seiner Wohnung offenbare Verbrechensspuren gefunden werden;
4. wenn Gegenstände, die zum Beweise der strafbaren Handlung dienen, dem Verdächtigen gehören oder bei ihm gefunden werden;
5. wenn der Verdächtige keinen festen Wohnsitz oder Aufenthalt hat.

Art. 81. Wenn die Polizei die in Ausführung begriffene oder eben ausgeführte strafbare Handlung ermittelt, aber auch wenn bis zu Ankunft des Untersuchungsrichters Spuren des Verbrechens verschwinden können, vertritt die Polizei bei allen keinen Aufschub leidenden Untersuchungshandlungen, wie Besichtigungen, Nachsuchungen und Wegnahmen, den Untersuchungsrichter; doch darf sie formelle Verhöre weder mit dem Angeschuldigten noch mit Zeugen vornehmen, aufser es wäre einer derselben schwer krank, sodafs sein Tod bis zu Ankunft des Untersuchungsrichters zu befürchten ist.

Art. 82. In den Fällen vorstehender Artikel beobachtet die Polizei genau alle Vorschriften, die für den eine Voruntersuchung führenden Untersuchungsrichter gegeben sind.

Art. 83. Nach Ankunft des Untersuchungsrichters übergibt die Polizei ihm die ganze Verhandlung und stellt ihre Untersuchungshandlungen ein.

Art. 84. Die Polizei hat auf Auftrag des Untersuchungsrichters statt seiner besondere Untersuchungshandlungen auch zur Fortführung der Untersuchung vorzunehmen, falls bei ihrem Aufschub der Verlust der Verbrechensspuren zu befürchten steht.

Art. 85. Vorstehende Vorschriften gelten auch für Dorfobrigkeiten und ihre Hilfsbeamte, wie auch für andre Beamtete, die im Kreise ihrer Zuständigkeit polizeiliche Funktionen erfüllen.

II. Pflichten und Amtsgewalt des Untersuchungsrichters.

Art. 86. Die Voruntersuchung darf von dem Untersuchungsrichter nicht ohne gesetzlichen Anlafs und genügenden Grund begonnen werden.

Art. 87. Der Untersuchungsrichter gibt dem Staatsanwalt von jeder durch ihn nicht auf Mitteilung der Polizei und nicht auf Antrag des Privatanklägers begonnenen Voruntersuchung Kenntnis.

Art. 88. Der Untersuchungsrichter trifft kraft seiner Amtsgewalt alle zur Untersuchungsführung erforderlichen Mafsregeln, aufser solchen, in denen seine Gewalt gesetzlich beschränkt ist.

Art. 89. Bei der Führung der Untersuchung ist der Untersuchungsrichter verpflichtet, mit voller Unparteilichkeit die den Angeschuldigten belastenden wie entlastenden Umstände aufzudecken und festzustellen.

Art. 90. Der Untersuchungsrichter mufs rechtzeitig die nötigen Mafsregeln zur Sammlung der Beweise treffen und darf besonders bei Aufdeckung und Bewahrung von Spuren und Anzeichen des Verbrechens, die verschwinden können, keine Zögerung eintreten lassen.

Art. 91. Der Untersuchungsrichter mufs sofort die materiellen Beweise des Verbrechens, sowie die durch die strafbare Handlung erlangten Sachen, die er entdeckte, wegnehmen.

Art. 92. Wenn der Untersuchungsrichter sich je nach Umständen des Falls von der Notwendigkeit überzeugt, unverzüglich Mafsregeln zu treffen behufs Sicherstellung der etwa den Angeschuldigten treffenden Geldstrafe oder der Ersatzforderung für die durch die strafbare Handlung bewirkten Schäden und Verluste, so mufs er beim Kreisgericht rücksichtlich Anlegung eines Verbotes oder Sequesters auf Vermögen des Angeschuldigten Vorstellung machen.

Art. 93. Der Untersuchungsrichter ist berechtigt, die von der Polizei bei der ursprünglichen Untersuchung getroffenen Mafsregeln zu kontrollieren, zu ergänzen und aufzuheben.

Art. 94. Gesetzliche Aufträge des Untersuchungsrichters sind ohne Verzug von der Polizei wie von andern Behörden, Amts- und Privatpersonen auszuführen.

Art. 95. Der Untersuchungsrichter kann stets die Polizei beauftragen, Ermittelungen vorzunehmen und Erkundigungen nach seiner Anweisung einzuziehen.

Art. 96. Stöfst der Untersuchungsrichter bei Ausübung seiner Amtspflichten auf Widerstand, so ist er berechtigt, den Beistand der Zivil- wie Militärmacht, wie auch der benachbarten Ortsbewohner zu fordern.

Art. 97. Der Untersuchungsrichter kann sowohl vom Angeschuldigten wie auch dem Privatankläger und Zivilkläger auf die Gründe hin abgelehnt werden, die bei Richtern gelten. Die Ablehnung des Untersuchungsrichters wird ihm selbst eingereicht. Abgesehen davon ist derselbe, wenn ihm ein gesetzlicher Grund hierfür bekannt ist, verpflichtet, sich der Untersuchungsführung zu enthalten und davon das Gericht zu benachrichtigen, das einen andern Untersuchungsrichter beauftragt, wenn es die Ablehnung für triftig erachtet.

Bis über die Ablehnung vom Gericht entschieden ist, stellt der Untersuchungsrichter die Untersuchung nicht ein, wenn auch gegen ihn selbst Ablehnung erklärt ist; zieht er dagegen sich selbst von der Untersuchung zurück, so beschränkt er seine Thätigkeit auf Mafsregeln, die keinen Aufschub leiden.

Art. 98. Der Untersuchungsrichter stellt die Untersuchung nicht deshalb ein, weil der Angeklagte geflohen ist oder kein der Verübung des Verbrechens Verdächtiger gefunden wird.

Art. 99. Nur das Gericht kann die Voruntersuchung einstellen. Findet der Untersuchungsrichter keinen Anlafs zu Fortsetzung der Untersuchung in den Fällen, die in Art. 11 gegenwärtigen Gesetzes vorgesehen sind, wegen Fehlens von Anzeichen eines Verbrechens in der verfolgten That oder Nichtentdeckung des Schuldigen, so bricht er die Untersuchung ab und befördert die Sache behufs Einstellung derselben durch den Staatsanwalt an das Kreisgericht.

III. Pflichten und Rechte des Staatsanwalts.

Art. 100. Staatsanwälte führen selbst keine Voruntersuchung, sondern stellen nur dabei Anträge beim Untersuchungsrichter und beaufsichtigen die Führung derselben.

Art. 101. Bei Einziehung von Ermittelungen über strafbare Handlungen sind die Polizeibeamten unmittelbare Untergebene der Staatsanwälte.

Art. 102. Die Staatsanwälte sind zu Anwesenheit bei allen Untersuchungshandlungen und Kontrollierung des Verfahrens an Ort und Stelle berechtigt, ohne jedoch dadurch die Untersuchung zu hemmen.

Art. 103. Bei allen auf Erforschung des Verbrechens und Sammlung der Beweise bezüglichen Akten vollzieht der Untersuchungsrichter die Aufträge des Staatsanwalts unter Vermerk in den Protokollen, welche Mafsregeln namentlich auf dessen Wunsch ergriffen wurden.

Erachtet der Untersuchungsrichter ein besonderes Gesuch des Staatsanwalts für ungesetzlich, so begehrt er für Vollziehung desselben gerichtliche Entscheidung.

Art. 104. Stellen sich der Erfüllung eines Auftrags des Staatsanwalts Hindernisse entgegen, so ergreift der Untersuchungsrichter, soweit möglich, Mafsregeln zur Erfüllung, benachrichtigt hiervon den Staatsanwalt und wartet dessen Entscheidung ab.

Art. 105. Wird der Angeklagte verhaftet, so benachrichtigt der Untersuchungsrichter anläfslich einer solchen Mafsnahme den Staatsanwalt: dieser kann fordern, dafs der Untersuchungsrichter eine minder strenge Mafsregel ergreife, wenn der Angeschuldigte nicht genügenden Verdacht der Verübung eines Verbrechens auf sich zieht.

Diesem Gesuch des Staatsanwalts hat der Untersuchungsrichter unweigerlich nachzukommen, doch fällt die ganze Verantwortlichkeit für diesen Akt auf den Staatsanwalt, der es stellte.

Art. 106. Der Untersuchungsrichter benachrichtigt den Staatsanwalt auch von den Gründen, weshalb bei einem mit Zuchthaus nicht unter fünf Jahren bestraften Verbrechen ein Angeschuldigter nicht verhaftet oder aus der Haft entlassen wurde.

Art. 107. Im Fall des vorstehenden Artikels ist der Staatsanwalt berechtigt, bei dem Untersuchungsrichter die Verhaftung eines auf freiem Fufse belassenen oder aus der Haft entlassenen Angeschuldigten zu beantragen. Ist aber der Untersuchungsrichter an solcher Verhaftung gehindert, weil der Angeschuldigte nicht genügenden Verdacht der Verübung eines Verbrechens auf sich zieht, so macht er hiervon, dem Gesuch keine Folge gebend, dem Gerichte Vorstellung.

Art. 108. Der Staatsanwalt kann eine Ergänzung der Voruntersuchung nach den von ihm gegebenen Anweisungen fordern, wenn auch der Untersuchungsrichter sie als geschlossen erachtete.

Art. 109. Bei Beaufsichtigung der Führung der Untersuchung kann der Staatsanwalt nicht in Erfüllung seiner Amtspflichten abgelehnt werden; befindet er sich aber gegenüber dem Angeschuldigten oder dem durch das Verbrechen Verletzten in einem solchen Verhältnis, das als Beweggrund zu Ablehnung von Richtern dient, so ist er sich zu enthalten verpflichtet. Desfallsige Beschwerden können bei dem Staatsanwalt des Appellationsgerichts erhoben werden.

II. Kapitel.

Erfordernisse der Führung der Voruntersuchung.

Art. 110. Jeder Untersuchungsrichter führt die Voruntersuchung in dem ihm zugewiesenen Kreis- oder Stadtbezirk.

Art. 111. Der Untersuchungsrichter schreitet bei Vorliegen gesetzlichen Anlasses zur Untersuchung:

1. wenn die strafbare Handlung in seinem Bezirk verübt ist;
2. wenn die strafbare Handlung in einem andern Bezirk verübt, aber in seinem Bezirk entdeckt ist;
3. wenn der eines Verbrechens Angeschuldigte oder Verdächtige in seinem Bezirk wohnt, mag auch die That in einem andern Bezirk verübt sein.

Art. 112. Zur Voruntersuchung wegen einer aufserhalb des Bezirks des Untersuchungsrichters verübten strafbaren Handlung schreitet der Untersuchungsrichter, ohne den Antrag der Gerichtsbehörde abzuwarten, in deren Bereich das Verbrechen verübt ist, beschränkt sich aber auf diejenigen Handlungen, die als dringlich an dem Orte vorgenommen werden müssen, wo das Verbrechen entdeckt oder der Angeschuldigte verhaftet oder gefunden wurde; nach Vornahme dieser Handlungen befördert er unverzüglich die Verhandlung wie auch den etwa verhafteten Angeschuldigten an den Untersuchungsrichter, in dessen Bezirk die strafbare Handlung verübt ist.

Art. 113. Der Untersuchungsrichter, in dessen Bezirk eine strafbare Handlung entdeckt ist, bei der aber der Ort der Begehung unbekannt ist, setzt die begonnene Untersuchung bis zu ihrem Abschlufs, oder, bis der Ort der Begehung bekannt geworden ist, fort.

Art. 114. Wenn in den gesetzlich bestimmten Fällen ein Verhör des Angeklagten oder von Zeugen notwendig wird, oder aber eine andre Untersuchungshandlung aufserhalb des Bezirks, in dem die Untersuchung begonnen ist, so liegt die Vornahme solcher Handlungen dem Untersuchungsrichter ob, in deren Bezirk sie vorzunehmen sind. In solchen Fällen werden die Aussagen auf besondere Fragartikel abgegeben, die von dem die Untersuchung führenden Untersuchungsrichter mitgeteilt werden.

Art. 115. In einer in mehrere Untersuchungsbezirke eingeteilten Stadt nimmt jeder Untersuchungsrichter unmittelbar alle zur Aufklärung der in seinem Bezirk begangenen That erforderlichen Akte vor. Ebenso kann er einzelne Untersuchungshandlungen auch im Nachbarbezirk desselben oder eines andern Kreises vornehmen, wenn dies zur Aufdeckung der Wahrheit notwendig erscheint.

Art. 116. Die Voruntersuchung mufs mit gröfster Schnelligkeit geführt, auch nicht an Sonn- und Festtagen eingestellt werden, wenn die Umstände des Falls es erheischen.

Art. 117. Die Beaufsichtigung der Untersuchungshandlungen liegt dem Staatsanwalte ob, in dessen Sprengel sie vorgenommen werden, mögen sich diese auch auf eine aufserhalb des Gerichtskreises, in dem der Staatsanwalt amtiert, verübte strafbare Handlung beziehen.

III. Kapitel.

Gesetzliche Gründe zur Einleitung einer Voruntersuchung.

Art. 118. Gesetzliche Gründe zur Einleitung einer Voruntersuchung können sein:

1. Anzeigen Privater und Anträge der durch das Verbrechen verletzten Personen;
2. Mitteilungen der Polizei, von Behörden und Beamten;
3. Erklärung des Angeschuldigten, der seine Schuld eingesteht;
4. Auftrag des Staatsanwalts, und
5. Einleitungshandlungen nach unmittelbarem Ermessen des Untersuchungsrichters.

Art. 119. Die Anzeige einer strafbaren Handlung, deren Augenzeuge der Anzeigende war, kann als genügender Anlafs zur Vornahme einer Untersuchung dienen, wenn auch keine sonstigen Indizien für den Richter vorhanden sind. War der Anzeigende nicht selbst Augenzeuge, so bietet die Anzeige keinen hinreichenden Grund zur Vornahme einer Untersuchung, aufser wenn der Anzeigende Beweise für die Glaubwürdigkeit seiner Anzeige beibringt.

Art. 120. Anonyme Pasquille und heimlich zugesteckte Schriftstücke bieten keinen gesetzlichen Grund zur Vornahme einer Untersuchung; enthalten sie aber die Mitteilung eines schweren Verbrechens, das die öffentliche Ruhe bedroht, so dienen sie als Anlafs zu Ermittelungen, die zur Vornahme einer Untersuchung führen können.

Art. 121. Anträge Verletzter gelten als genügender Anlafs zur Vornahme einer Voruntersuchung. Weder der Untersuchungsrichter noch der Staatsanwalt dürfen einen durch die strafbare Handlung Verletzten damit abweisen.

Art. 122. In jedem Antrag wird verzeichnet:

1. Zeit und Ort der verübten strafbaren Handlung;
2. Gründe, aus denen sich der Verdacht auf jemanden lenkt;
3. erlittene Schäden und Verluste, und
4. annähernde Berechnung der etwa geforderten Entschädigung.

Art. 123. Während der ganzen Untersuchung hat der Verletzte das Recht,

1. seine Zeugen zu stellen;
2. allen Untersuchungshandlungen beizuwohnen und mit Genehmigung des Untersuchungsrichters an den Angeschuldigten und die Zeugen Fragen zu stellen;

3. zur Unterstützung seiner Forderung Beweise beizubringen, und
4. auf seine Kosten Abschriften aller Protokolle und Verfügungen zu fordern.

Art. 124. Der Verletzte, der eine Zivilforderung gestellt hat, kann Maſsnahmen zur Sicherstellung seiner geforderten Entschädigung erbitten. Der Untersuchungsrichter macht von solchen Maſsnahmen dem Gericht Vorstellung, wenn er die Bitte des Bittstellers für begründet erachtet.

Art. 125. Anzeige wie Antrag können schriftlich oder mündlich erfolgen und werden zu jeder Zeit von Polizeibeamten wie vom Untersuchungsrichter und dem Staatsanwalt angenommen. Die Zeit der Eingabe und des Inhalts der Anzeige oder des Antrags sowie der bei Vernehmung abgegebenen Aussagen werden in das Protokoll eingetragen.

Art. 126. Nach Eingang der Anzeige oder des Antrags vernimmt der Polizeibeamte, Untersuchungsrichter oder Staatsanwalt unverzüglich den Anzeiger oder Antragsteller über die Umstände des Vorfalls und über die ihm bewuſsten Anzeichen der strafbaren Handlung, und wird letzterer, falls er offen jemanden des Verbrechens beschuldigt, mit der Strafe der falschen Anschuldigung bekannt gemacht.

Art. 127. Einreichung einer Anzeige oder eines Antrags verpflichtet den Betreffenden nicht zum Beweise der strafbaren Handlung, zieht ihm aber Verantwortlichkeit für jede falsche Angabe zu.

Art. 128. Findet der Untersuchungsrichter in den Mitteilungen der Polizeibeamten oder andern Behörden und Beamteten keinen genügenden Grund zur Vornahme einer Untersuchung, so erstattet er sofort hierüber dem Staatsanwalt Bericht.

Art. 129. Stellt sich der Schuldige und gesteht er seine Schuld ein, so ist der Untersuchungsrichter verpflichtet, zur Untersuchung zu schreiten; widerlegt sich aber das Geständnis durch die von ihm ermittelten Umstände, so verfaſst er eine Darstellung der Gründe, welche ihn bewogen, eine solche Anzeige ohne Folge zu lassen, und berichtet hierüber dem Staatsanwalt.

Art. 130. Der Staatsanwalt kann eine Voruntersuchung auf empfangene Berichte wie auch auf unmittelbare Wahrnehmung hin anheben.

Art. 131. Der Staatsanwalt darf die Einleitung einer Voruntersuchung nicht ohne hierfür genügenden Anlaſs fordern. In zweifelhaften Fällen ist er verpflichtet, sich durch Ermittelung Kenntnis zu verschaffen.

Art. 132. Der Untersuchungsrichter schreitet zur Untersuchung nur in dem Fall nach eignem Ermessen, wenn er gewahr wird, daſs eine strafbare Handlung verübt wird oder eben verübt ist.

Art. 133. Werden bei Untersuchung eines Verbrechens Anzeichen eines andern Verbrechens entdeckt, das mit dem untersuchten nicht zusammenhängt, so ergreift der Untersuchungsrichter Maſsregeln zur Erwahrung dieser Anzeichen und trägt in den gesetzlich bezeichneten Fällen Sorge dafür, daſs dem Verdächtigen die Mittel genommen werden, sich der Verfolgung zu entziehen, berichtet hierüber an den Staatsanwalt und schreitet zur Untersuchung des neu entdeckten Verbrechens nicht anders als auf dessen Anordnung.

IV. Kapitel.

Erforschung des Verbrechensthatbestandes.

I. Augenschein und Besichtigung.

A. Augenscheinseinnahme und Besichtigung durch den Untersuchungsrichter.

Art. 134. Augenscheinseinnahmen und Besichtigungen erfolgen entweder unmittelbar durch den Untersuchungsrichter oder Sachverständige in Gegenwart von Urkundspersonen, die zum Zeugnis dessen, was vor sich geht, berufen werden. Hierbei dürfen alle an der Sache Beteiligten zugegen sein, doch ist der Untersuchungsrichter nicht verpflichtet, ihre Ankunft abzuwarten.

Art. 135. Augenscheinseinnahmen und Besichtigungen werden, ausgenommen Fälle, die keinen Aufschub leiden, am Tage vorgenommen.

Art. 136. Bei Vornahme der Augenscheinseinnahme und der Besichtigung richtet der Untersuchungsrichter seine Aufmerksamkeit nicht nur auf die augenscheinlichen Anzeichen eines Verbrechens, sondern auch auf die Örtlichkeit und die Gegenstände, welche die Spuren desselben umgeben. Erforderlichenfalls unternimmt er die nötigen Messungen und skizziert, wenn möglich, die besichtigten Örtlichkeiten und Gegenstände.

Art. 137. Über das, was sich bei Augenscheinseinnahme und Besichtigung ergibt, errichtet der Untersuchungsrichter ein Protokoll, wenn möglich am Ort der Vornahme selbst. Alles, was ermittelt wird, wird in der Reihenfolge der Augenscheinseinnahme und Auffindung aufgezeichnet.

Art. 138. Als Urkundspersonen behufs Gegenwart bei Augenscheinseinnahme oder Besichtigung werden aus den zunächst wohnhaften Leuten diejenigen, die sich eines guten Rufes in der Gemeinde erfreuen, zugezogen.

Art. 139. Die Zahl der zur Gegenwart bei Augenscheinseinnahmen oder Besichtigungen zugezogenen Personen darf jedenfalls nicht geringer als zwei sein.

Art. 140. Handelt es sich um eine Frauensperson, so werden als Urkundspersonen verheiratete Frauen zugezogen.

Art. 141. Wegen Ausbleibens bei der Untersuchung ohne triftige Gründe können die Urkundspersonen mit Geldstrafe bis zu fünfundzwanzig Lew bestraft werden.

Weist eine wegen obigen Grundes bestrafte Urkundsperson binnen zwei Wochen nach der an sie erfolgten Mitteilung der Bestrafung nach, daſs sie nicht erscheinen konnte, so erläſst der Untersuchungsrichter ihr die Geldstrafe.

B. Augenscheinseinnahme und Besichtigung durch Sachverständige im allgemeinen.

Art. 142. Sachverständige werden zugezogen, wenn zum genauen Verständnis eines Umstandes in vorliegender Sache besondere Kenntnisse oder Erfahrungen in Wissenschaft, Kunst, Gewerbe, Handwerk oder in einem andern Fach nötig sind.

Art. 143. Als Sachverständige können zugezogen werden: Ärzte, Apotheker, Professoren, Lehrer, Techniker, Künstler, Kassierer und Personen, die durch dauernde Beschäftigung in einem Fach sich besondere Erfahrung erworben haben.

Art. 144. Sachverständige, die zu Augenscheinseinnahmen und Besichtigungen zugezogen werden, müssen alle Eigenschaften glaubwürdiger Zeugen haben.

Art. 145. Wegen Nichterscheinens zur Untersuchung ohne triftige Gründe können Sachverständige durch den Untersuchungsrichter mit Geldstrafe bis zu fünfzig Lew belegt werden. Wenn sie abermals ohne gesetzliche Hinderungsgründe ausbleiben, können sie in vorgeschriebener Ordnung zwangsweise gestellt werden.

Art. 146. Weist ein wegen Nichterscheinens bei der Untersuchung mit Geldstrafe belegter Sachverständiger binnen zwei Wochen nach der an ihn erfolgten Mitteilung der Bestrafung nach, daſs er aus triftigen Gründen nicht erscheinen konnte, so erläſst der Untersuchungsrichter ihm die Geldstrafe.

Art. 147. Der Untersuchungsrichter nimmt eine vorläufige äuſsere Besichtigung von Gegenständen vor, die der Besichtigung durch Sachverständige unterliegen und nimmt ein Protokoll über die bemerkten Anzeichen eines Verbrechens auf, falls solche vorhanden, sowie über alle in der Lage des besichtigten Gegenstandes erfolgten Veränderungen.

Art. 148. Wo nicht besondere Hindernisse vorliegen, erfolgt die Besichtigung durch Sachverständige in Gegenwart des Untersuchungsrichters und der Urkundspersonen.

Art. 149. Der Untersuchungsrichter ist verpflichtet, den Sachverständigen mündlich oder schriftlich über die ihrer Prüfung unterliegenden Gegenstände Fragen zu stellen.

Art. 150. Bei der Vornahme einer Besichtigung dürfen die Sachverständigen auch solche Anzeichen nicht unberücksichtigt lassen, auf die der Untersuchungsrichter ihre Aufmerksamkeit nicht gelenkt hat, aus deren Erforschung aber sich die Aufdeckung der Wahrheit ergeben kann.

Art. 151. Wenn der Untersuchungsrichter an der Richtigkeit des Gutachtens des Sachverständigen zweifelt oder mit ihrer Meinung nicht einverstanden ist, so kann er das Gutachten andrer Sachverständiger einholen, indem er sich an die obere Spezialbehörde behufs solcher Anordnung wendet oder an diese Behörde selbst die Gegenstände, wenn dies thunlich, einsendet.

C. Augenscheinseinnahme und Besichtigung durch Ärzte.

Art. 152. Zur Besichtigung und Beaugenscheinigung von Leichen, verschiedener Körperverletzungen, Spuren von Gewaltthat und Feststellung des Gesundheitszustandes eines Verletzten oder des Angeschuldigten selbst, zieht der Untersuchungsrichter Ärzte zu.

Art. 153. Die Pflichten eines Gerichtsarztes obliegen in den Kreisen den Kreis- oder Bezirksärzten, in Städten dem Stadtarzte; können diese aber wegen Krankheit oder sonstiger Gründe nicht erscheinen, so zieht der Untersuchungsrichter statt ihrer einen andern Militär-, Zivil- oder frei praktizierenden Arzt zu.

Art. 154. In wichtigen Fällen kann der Untersuchungsrichter zur Besichtigung einer Leiche nicht nur einen, sondern auch mehrere Ärzte zuziehen, auch denjenigen nicht ausgenommen, der den Verstorbenen ärztlich behandelt hat, falls eine Aufklärung über den Gang der Krankheit und Heilung erforderlich ist.

Art. 155. Bis zu Ankunft des Arztes an dem Ort, wo die Leiche liegt, hat der Untersuchungsrichter

1. Mafsregeln zur Wiederbelebung zu ergreifen, wenn der Tod zweifelhaft ist, entgegengesetzten Falls die Leiche vor Fäulnis und zufälliger Beschädigung zu sichern;
2. sich zu vergewissern, ob es der Leichnam der Person ist, wegen deren Todes die Untersuchung geführt wird, und
3. das vorgeschriebene Protokoll über die ergriffenen Mafsregeln aufzunehmen.

Art. 156. Bei Vornahme der gerichtsärztlichen Besichtigung teilt der Untersuchungsrichter dem Arzt auf Erfordern die über die Leiche eingezogenen Nachrichten mit, die als Hinweis darauf dienen können, worauf der Arzt bei Öffnung der Leiche seine besondere Aufmerksamkeit zu richten hat.

Art. 157. Bei der Untersuchung verfährt der Arzt nach den Regeln der gerichtlichen Medizin, besichtigt die Oberfläche der Leiche, ihre Höhlen und Öffnungen, die Gelenke, die Unversehrtheit der Knochen und den Zustand der inneren Organe und erklärt soweit möglich den Anwesenden die Bedeutung eines jeden Fleckes, Zeichens, jeder Wunde, Verletzung und krankhafter Veränderung, bestimmt den Grad der Fäulnis und die hieraus gezogenen Symptome und beantwortet die ihm vorgelegten Fragen.

Art. 158. Der Untersuchungsrichter und die Urkundspersonen, wie andre zur Besichtigung der Leiche zugezogene Personen sind berechtigt, ihre Meinung über diejenigen Handlungen und Erklärungen des Arztes auszusprechen, die ihnen zweifelhaft erscheinen. Diese Meinungsäußerungen werden im Protokoll verzeichnet.

Art. 159. Den Akt über die Besichtigung oder Augenscheinseinnahme reicht der Arzt nach der Besichtigung, wenn möglich unverzüglich, jedenfalls nicht später als dreimal vierundzwanzig Stunden danach dem Untersuchungsrichter ein.

Art. 160. Wenn der Akt oder die Besichtigung den Umständen der Untersuchung widersprechen oder Meinungsverschiedenheit der Ärzte oder Zweifel an der Richtigkeit der Deutung der vorgefundenen Anzeichen bestehen, stellt der Untersuchungsrichter eine Abschrift des Aktes oder der Besichtigung dem Medizinalkollegium zu, das die Zweifel entscheidet.

Art. 161. Bei Wiederholung der Besichtigung einer Leiche teilt der Untersuchungsrichter den zugezogenen Ärzten den Zweck der neuen Besichtigung, das Protokoll und den Akt der ersten Augenscheinseinnahme mit und gibt an, wie lange die Leiche in der Erde gelegen hat.

Art. 162. Zur Ausgrabung einer Leiche schreitet der Untersuchungsrichter nicht vor Ankunft des Arztes. Behufs Feststellung der Identität werden die Geistlichen und andre Personen zugezogen, die dem Begräbnis beigewohnt haben; zu nochmaliger Besichtigung aber wird möglichst auch der Arzt zugezogen, der die erste Besichtigung vornahm.

Art. 163. Wenn aus den vorläufigen Ermittelungen nicht erhellt, wer der Verstorbene war, dessen Leiche untersucht worden ist, so beschreibt der Untersuchungsrichter genau die Kennzeichen des Verstorbenen, den Ort der Auffindung der Leiche, das Gutachten der Ärzte über den Grund des Todes und sorgt für Veröffentlichung hierüber im Staatsanzeiger und in Lokalblättern und wenn möglich für Photographierung.

Art. 164. Bei Untersuchung von Wunden, Schlägen, Verstümmelungen, Notzucht, Gesundheitsbeschädigungen, vorzeitiger Entbindung zufolge Abtreibung der Leibesfrucht oder Vergewaltigung oder ähnlicher Folgen von Verbrechen bestimmt der Gerichtsarzt, wenn möglich,

1. die Art der Beschädigung und den Einfluß auf die Gesundheit des Besichtigten;
2. die bei der Vergewaltigung oder den Beschädigungen angewendeten Mittel, und
3. ob die Beschädigung vor langer Zeit oder unlängst erfolgte.

Art. 165. Hebammen werden zu einer selbständigen medizinischen Besichtigung von Frauen nicht zugezogen, können aber in der Eigenschaft von Gehilfen des Gerichtsarztes herbeigerufen werden.

Art. 166. Der Untersuchungsrichter wohnt solchen Besichtigungen von Frauenspersonen, die eine Entblöfsung verborgener Körperteile erheischen, nicht bei, wenn die zu Besichtigenden wünschen, dafs er nicht zugegen sein solle.

Andre Personen weiblichen Geschlechts als solche, auf die ein gegründeter Verdacht fällt, dürfen nicht besichtigt werden.

D. Begutachtung eines Angeschuldigten, der sich als geisteskrank erwies.

Art. 167. Wenn die Untersuchung zeigt, dafs der Angeschuldigte keinen gesunden Verstand besitzt oder an Geisteszerrüttung leidet, so übergibt der Untersuchungsrichter, nachdem er sich hiervon durch Begutachtung des Angeschuldigten durch den Gerichtsarzt und Vernehmung des Angeschuldigten sowie jener Personen überzeugt hat, denen näher die Art und Weise seines Handelns und Urteilens bekannt ist, die ganze Verhandlung der Sache samt Meinungsäufserung des Arztes über den Grad der Geistesstörung oder Geisteszerrüttung des Angeschuldigten dem Staatsanwalt zu weiterer Anordnung.

Die Vorschrift dieses Artikels findet auch dann Anwendung, wenn der Angeschuldigte erst nach Begehung der strafbaren Handlung in den Zustand verfiel.

Art. 168. Der Staatsanwalt reicht die Verhandlung über die Geisteskrankheit oder Geistesschwäche samt seinem Gutachten dem Kreisgericht zur Prüfung ein.

Art. 169. Die Begutachtung der an Geistesschwäche und an Geisteskrankheit Leidenden erfolgt in der Gerichtssitzung des Kreisgerichts durch einen oder drei ärztliche Sachverständige je nach Wichtigkeit des Falles.

Bemerkung. Wenn zu Gewinnung einer Ansicht über die geistigen Fähigkeiten des Angeschuldigten sich längere Beobachtung als notwendig erweist, so kann das Gericht auf Antrag der Experten seine Unterbringung in einer Anstalt für Geisteskranke oder irgend einem Krankenhause anordnen.

Art. 170. Nach Vornahme der betreffenden Begutachtung verfügt das Kreisgericht entweder Fallenlassen der gerichtlichen Verfolgung, wenn sich zeigt, dafs die strafbare Handlung im Wahnsinn, Blödsinn oder einem Krankheitsanfall verübt ist, der Geistesstörung oder Bewufstlosigkeit bedingt, oder aber Einstellung des Verfahrens, wenn der Angeschuldigte in den kranken Zustand nach Begehung der strafbaren Handlung verfiel, und ergreift im letzteren Fall die nötigen Mafsregeln, dafs dem Angeschuldigten die Mittel entzogen werden, sich dem Verfahren und der Aburteilung zu entziehen.

Die Begutachtung des Geisteszustandes solcher Angeschuldigten, gegen die das Verfahren gemäfs diesem Artikel eingestellt war, erfolgt, im Falle späterer Genesung, im Kreisgericht nach den Vorschriften des Art. 161.

II. Erforschung von Gegenständen, die die Begehung eines Verbrechens enthüllen.

1. Nachsuchungen und Wegnahmen in Häusern.

Art. 171. Nachsuchungen und Wegnahmen in Häusern und andern Wohnstätten werden nur bei begründetem Verdacht veranstaltet, dafs an diesen Orten der Angeschuldigte oder Gegenstände des Verbrechens oder materielle Beweisstücke verborgen sind, die zur Aufklärung der Sache unumgänglich sind oder der Beschlagnahme unterliegen.

Art. 172. Nachsuchungen und Wegnahmen erfolgen in Gegenwart von Urkundspersonen und des Besitzers des Hauses oder Lokales, im Fall seiner Abwesenheit der seiner Frau, wenn er verheiratet, oder irgend eines seiner älteren Hausgenossen. Alle an der Sache beteiligten Personen können ihnen beiwohnen.

Art. 173. Nachsuchungen und Wegnahmen in den Wohnungen fremder diplomatischer Vertreter werden nicht anders als nach vorgängigem Einvernehmen mit dem Minister der auswärtigen Angelegenheiten vorgenommen.

Art. 174. Nachsuchungen in Kirchen, Bethäusern, Wohnungen der Bischöfe und Klöstern, in Gebäuden, die von einer Behörde, gelehrten Gesellschaft, Unterrichtsanstalt oder milden Stiftung besessen sind, desgleichen in Festungen und Kasernen erfolgen nicht, ohne dafs der Untersuchungsrichter zur Teilnahme daran gleichzeitig auch die nächste Obrigkeit der Verwaltung einladet, zu deren Bereich die zu durchsuchende Räumlichkeit gehört.

Art. 175. Nachsuchungen und Wegnahmen geschehen des Tags. Zur Nachtzeit dürfen sie nur geschehen, wenn sie sofort nach Begehung eines Verbrechens erfolgen oder Gefahr im Verzuge besteht oder es sich um Ergreifung eines der Haft Entlaufenen handelt. Diese Beschränkungen gelten nicht für Behausungen, die Nachts für alle offen stehen, sowie für Orte, wo verbrechensverdächtige Personen versammelt sind, wie Orte, wo Hazardspiele gespielt werden, und öffentliche Gebäude.

Den Urkundspersonen, wie auch den Besitzern von Häusern oder Räumlichkeiten, die durchsucht werden, ist anzuzeigen, in welcher Angelegenheit und zu welchem speziellen Zwecke die Durchsuchung erfolgt.

Art. 176. Im Notfall kann das zu durchsuchende Lokal von Polizeidienern umzingelt werden; wo solche fehlen, wird es mit Hilfe Privater bewacht.

Art. 177. Der Untersuchungsrichter ist berechtigt, verschlossene Sachen zu eröffnen, wenn der Besitzer dies nicht freiwillig thut; jedenfalls aber ist jede unnötige Beschädigung der Lokalität zu vermeiden.

Art. 178. Durchsuchung von Papieren einer verdächtigen Person mufs mit äufserster Vorsicht stattfinden, ohne dafs auf die Untersuchung nicht bezügliche Umstände bekannt gegeben werden. Nur die unentbehrlichen Papiere, die den Urkundspersonen und andern bei der Durchsuchung gegenwärtigen Personen vorgezeigt werden, sind mit Beschlag zu belegen und zur Sache zu verwenden.

Art. 179. Weder Behörden noch Beamte, noch Privatpersonen können die Herausgabe schriftlicher oder materieller Beweisstücke, die für das Verfahren nötig sind, verweigern.

Art. 180. Wegnahme und Durchsicht von Briefen und Telegrammen, die an den Angeschuldigten gerichtet oder von ihm an andre Personen verschickt werden, ist zulässig, wenn ihr Inhalt für die Untersuchung wichtig ist.

Art. 181. Ist es nötig, Papiere zu erlangen, die einem Verteidiger oder Advokaten unter der Bedingung der Geheimhaltung anvertraut sind, so sieht sie der Untersuchungsrichter gemeinschaftlich mit dem Verteidiger oder Advokaten unter genauer Beachtung der Vorschrift in Art. 178 ein.

2. Sammlung und Aufbewahrung materieller Beweisstücke.

Art. 182. Materielle Beweisstücke, wie das Werkzeug, mit dem das Verbrechen verübt ist, gefälschte Urkunden, falsche Münzen, blutbefleckte oder beschädigte Gegenstände und allgemein alles, was bei der Ortsbesichtigung, Nachsuchung und Wegnahme sich findet und zur Aufdeckung des Verbrechens und zur Überführung des Verbrechers dienen kann, mufs im Protokoll ausführlich unter Angabe der Umstände der Auffindung und Wegnahme der materiellen Beweisstücke beschrieben werden.

Art. 183. Materielle Beweisstücke müssen soweit möglich numeriert, verpackt, versiegelt und dem Akte beigefügt werden.

Art. 184. Lassen sich die materiellen Beweisstücke nicht von dem Orte, wo sie sich befinden, entfernen, wie z. B. Blut an den Mauern eines Gebäudes, an Bäumen usw., müssen dieselben aber notwendigerweise von Sachverständigen besichtigt werden, so hat der Untersuchungsrichter die erforderlichen Mafsregeln zu ergreifen, um die Spuren des Verbrechens vor jeder Veränderung oder Tilgung zu bewahren und wenn möglich an den Ort oder die Gegenstände, an denen Spuren des Verbrechens geblieben sind, Siegel anzulegen und das Versiegelte der Obhut der Polizei oder zuverlässigen benachbarten Einwohnern zu übergeben oder auch eine Wache hinzustellen.

Art. 185. Gegenstände, die einer chemischen oder mikroskopischen Untersuchung unterliegen, werden nur in der Menge entnommen, die zur Untersuchung nötig ist, und vom Arzt oder Apotheker so plaziert und verpackt, dafs sie unterwegs nicht verloren gehen, sich nicht mit andern Sachen vermischen oder chemische Verbindung mit den Gefäfsen eingehen können.

Art. 186. Gestohlene oder geraubte Sachen werden nach Auffindung und Schätzung gegen Bescheinigung denen zurückerstattet, denen sie gestohlen oder geraubt wurden, falls es nicht unbedingt nötig ist, sie dem Akte als Beweisstücke beizulegen.

Art. 187. Der Untersuchungsrichter hat den Personen, bei denen Gegenstände als materielle Beweisstücke weggenommen wurden, auf ihr Verlangen eine Bescheinigung zu erteilen.

V. Kapitel.

Erscheinen des Angeschuldigten zur Untersuchung und Verhör desselben.

I. Abteilung. Ladung oder Vorführung des Angeschuldigten vor den Untersuchungsrichter.

Art. 188. Die Ladung des Angeschuldigten erfolgt durch schriftliche Vorladung und, wenn er sich am Orte der Führung der Untersuchung befindet, durch mündliche Aufforderung.

Art. 189. Die Ladung erfolgt in einem Exemplar, das mit Empfangschein versehen ist.

Art. 190. Die vom Untersuchungsrichter unterschriebene Vorladung mufs genau angeben:

1. die zur Untersuchung vorgeforderte Person;
2. Zeit und Ort des Erscheinens;
3. die Sache, wegen deren die vorgeforderte Person geladen wird, und
4. die Folgen des Nichterscheinens.

Art. 191. Dem Vorgeladenen wird nach Mafsgabe der Entfernung und der örtlichen Kommunikationsmittel ein Termin zum Erscheinen bestimmt.

Art. 192. Bei Behändigung der Vorladung wird auf ihr und auf dem Empfangschein die Zeit der Behändigung vermerkt. Der vom Vorgeladenen unterschriebene Empfangschein wird dem Untersuchungsrichter zugestellt.

Art. 193. Kann oder will der Vorgeladene die Bescheinigung nicht unterschreiben, so zieht der Besteller der Vorladung zwei Zeugen zu, denen er die Verweigerung der Unterschrift des Empfängers mitteilt und bemerkt auf der Ladung und dem Empfangschein, wem und wann sie behändigt worden und warum keine Unterschrift des Empfängers da ist.

Art. 194. Bei Schreibunkundigen wird der Inhalt der Vorladung in jedem Fall in Gegenwart von zwei Zeugen eröffnet.

Art. 195. Die Vorladung wird dem Vorgeladenen persönlich behändigt; ist er nicht anwesend, so wird sie einem Hausgenossen, vorzugsweise dem ältesten, behändigt oder aber dem Hauswirt oder dem Ortspolizeidiener, wenn keine Hausgenossen da sind.

Art. 196. Wird der Aufenthaltsort des Angeschuldigten nicht ermittelt, so benachrichtigt die Polizei hiervon den Untersuchungsrichter, der seinerseits dem Gericht behufs Aufsuchung des Angeschuldigten durch Bekanntmachung Vorstellung macht.

Art. 197. Der Vorgeladene hat persönlich im bestimmten Termine zu erscheinen; falls er aber aus gesetzlichen Gründen nicht erscheinen kann, hat er dies zu beglaubigen.

Art. 198. Als gesetzliche Gründe des Nichterscheinens in der Voruntersuchung gelten:

1. Freiheitsberaubung;
2. Einstellung der Kommunikation während einer Epidemie, Einfalls des Feindes, ungewöhnlichen Austretens der Flüsse und ähnliche unübersteigliche Hindernisse;
3. plötzlicher Ruin durch einen Unglücksfall;
4. Krankheit, wegen deren man das Haus nicht verlassen kann;
5. Tod der Eltern, des Ehemanns, der Ehefrau oder der Kinder, oder aber schwere, lebensgefährliche Krankheit derselben;
6. Nichtempfang oder nicht rechtzeitiger Empfang der Vorladung.

Art. 199. Der Vorgeladene, der im Termine nicht erschienen ist und nicht gesetzliche Gründe seines Nichterscheinens beglaubigt hat, wird dem Untersuchungsrichter vorgeführt. Ohne vorausgegangene Ladung können vorgeführt werden:

1. diejenigen, die eines Verbrechens angeschuldigt sind, das nach dem Gesetz mit Todesstrafe und Zuchthaus bestraft wird;
2. die andrer Verbrechen Angeschuldigten, die nicht vorgeladen werden konnten, weil sie sich verborgen hatten;
3. Angeschuldigte ohne festen Wohnsitz, bestimmtes Handwerk oder Gewerbe.

Art. 200. Vorführung des Angeschuldigten zur Untersuchung erfolgt erst nach Vorweisung eines formellen diesbezüglichen Befehls, gestützt auf eine Feststellung, in der die Gründe zu Ergreifung dieser Mafsregel bestimmt sind.

Art. 201. Nach Vorweisung dieses Vorführungsbefehls an den Angeschuldigten, in dem das Verbrechen zu bezeichnen ist, dessen er angeschuldigt ist, wird er aufgefordert, dem Vorzeiger desselben zu folgen. Im Falle des Ungehorsams oder Widerstandes wird der Angeschuldigte mit Hilfe der Polizei vor den Untersuchungsrichter geführt.

Art. 202. Die Vorführung eines Angeschuldigten erfolgt, mit Ausnahme äufserster, keinen Aufschub leidender Fälle, des Tags. Bis zum Vollzug der Vorführung wird der Angeschuldigte entweder in

Hausarrest oder unter Wache gehalten. Jede persönliche Beleidigung des Angeschuldigten bei einem solchen Vorgange zieht gesetzliche Verantwortlichkeit nach sich.

Art. 203. Der Vorführungsbefehl wird bei abwesenden Personen der Polizei- oder Dorfbehörde übergeben, die Mafsregeln zur Vorführung des Angeschuldigten vor den Untersuchungsrichter trifft.

Behufs Vorführung schon verhafteter Personen wendet sich der Untersuchungsrichter direkt an den Gefängnisdirektor.

Art. 204. Angeschuldigte werden ohne Rücksicht auf ihre allgemeine oder amtliche Stellung zur Untersuchung vorgeladen oder vorgeführt.

Art. 205. Kann der Vorgeladene oder Vorzuführende krankheitshalber oder wegen andrer triftiger Gründe nicht vor dem Untersuchungsrichter erscheinen, so richtet sich dieser nach der Wichtigkeit der Sache, der Dauer des Hindernisses des Erscheinens und seiner Beschäftigung mit andern unaufschieblichen Angelegenheiten und begiebt sich zum Verhöre des Angeschuldigten an dessen Aufenthaltsort oder wartet die Beseitigung der Hindernisse des Erscheinens ab.

II. Abteilung. Verhör des Angeschuldigten.

Art. 206. Der Untersuchungsrichter ist verpflichtet, das vorläufige Verhör des Angeschuldigten unverzüglich und niemals später als vierundzwanzig Stunden nach seinem Erscheinen oder seiner Vorführung vorzunehmen.

Art. 207. Erscheint der Untersuchungsrichter nicht binnen vierundzwanzig Stunden seit Vorführung zum Verhöre des Angeschuldigten, so errichtet die Polizei hierüber ein Protokoll, das sie den Akten beilegt, und setzt den Angeschuldigten von den Gründen seiner Anhaltung, soweit ihr solche bekannt sind, in Kenntnis.

Art. 208. Vorstehenden Falls hat der Angeschuldigte das Recht, der Polizei Erklärungen abzugeben und deren Verzeichnung im Protokoll zu fordern. Ergibt sich aus ihnen, dafs er irrtümlich oder aus Mifsverständis verhaftet wurde, so hat die Polizei ihn sofort frei zu lassen und die Gründe im Protokoll anzugeben, die sie hierzu veranlafsten.

Art. 209. Vor dem Verhör des Angeschuldigten überzeugt sich der Untersuchungsrichter von der Identität des Angeschuldigten und eröffnet ihm, wessen er angeschuldigt ist.

Die dem Angeschuldigten gestellten Fragen müssen kurz und deutlich sein.

Art. 210. Der Untersuchungsrichter darf den Angeschuldigten nicht durch Versprechungen oder Bedrohung oder andre Zwangsmafsregeln zur Ablegung eines Geständnisses verleiten. Legt der Angeschuldigte ein Geständnis ab, das Verbrechen verübt zu haben, so ist sein Verhör, unter Aufzeichnung im Protokoll und schliefslicher Unterschreibung desselben durch den Angeschuldigten oder bei Schreibunkunde seitens einer andern Person, in Gegenwart von zwei schreibkundigen Personen, die dann auch das Protokoll unterzeichnen, vorzunehmen.

Art. 211. Will der Angeschuldigte auf die gestellten Fragen nicht antworten, so sucht der Untersuchungsrichter, nach Vermerk hierüber im Protokoll, nach andern gesetzlichen Mitteln zur Aufdeckung der Wahrheit.

Art. 212. Jeder Angeschuldigte wird einzeln verhört und gleichzeitig vorgesorgt, dafs die desselben Verbrechens Angeschuldigten sich nicht unter einander verständigen können. Schreibkundigen wird gestattet, selbst ihre mündlich gegebenen Antworten im Protokoll aufzuzeichnen.

Art. 213. Die Aussagen des Angeschuldigten werden in erster Person, mit den eigenen Worten ohne irgendwelche Änderung, Auslassung oder Zusätze niedergeschrieben. Lokale und nicht ganz verständliche Ausdrücke werden in Klammern erklärt.

Art. 214. Bei dem Verhör eines Angeschuldigten, der eine dem Untersuchungsrichter nicht verständliche Sprache spricht, wird eine dieser Sprache kundige Person zugezogen.

Art. 215. Bei Untersuchung gegen Stumme oder allgemein Personen, die ihre Gedanken nicht mit Worten wiedergeben können, sind folgende Bestimmungen zu beachten:

1. können die Angeschuldigten ihre Aussage nicht schriftlich geben, so wird das Verhör durch Personen vorgenommen, die genau ihre Zeichensprache kennen gelernt haben;
2. wird die Untersuchung in einer Stadt geführt, wo sich eine Taubstummenerziehungsanstalt befindet, so wird ein Lehrer derselben zugezogen;
3. diejenigen, die sich mit Taubstummen durch Zeichensprache verständigen, müssen gleichzeitig laut erklären, was diesen verständlich gemacht wird.

Art. 216. Hat das Alter des Angeschuldigten auf seine Zurechnungsfähigkeit oder die zu erkennende Strafe Einflufs, so werden seine Erklärungen über sein Alter durch Aufzeichnungen in Kirchenbüchern geprüft und, wenn solche fehlen, Gemeindeeinwohnerlisten und andre Dokumente. Ist auch dies nicht möglich, so wird sein Alter durch Begutachtung des Gerichtsarztes bestimmt.

Art. 217. Der Untersuchungsrichter beschränkt sich nicht auf die Aussagen des Angeschuldigten, sondern sammelt rechtzeitig Nachrichten über seinen Beruf, seine Familie, seine Subsistenzmittel, seine früheren Beziehungen zum Verletzten; darüber, ob er schon früher vor Gericht gestanden und bejahendenfalls welches Urteil gegen ihn ergangen ist. Wegen Nichteinganges solcher Auskünfte wird der weitere Fortgang der Untersuchung nicht gehemmt.

VI. Kapitel.

Mafsregeln, um den Angeschuldigten zu hindern, sich der Voruntersuchung zu entziehen.

Art. 218. Ein Angeschuldigter darf sich nach Eröffnung der Untersuchung gegen ihn nicht ohne Erlaubnis des Untersuchungsrichters von dem Orte der Führung der Untersuchung entfernen.

Art. 219. Um den Angeschuldigten zu hindern, sich der Untersuchung zu entziehen, werden folgende Mafsregeln ergriffen:

1. schriftliches Versprechen des Angeschuldigten, sich zur Untersuchung zu stellen und sich nicht von seinem Wohnorte zu entfernen;
2. Bürgschaft;
3. Pfandbestellung;
4. Hausarrest;
5. Verhaftung;

Art. 220. Gegen solche, die eines mit Zuchthaus bis zu fünf Jahren bedrohten Verbrechens angeschuldigt sind, ist höchstes zulässiges Mittel Bürgschaft oder Pfandbestellung.

Art. 221. Gegen solche, die eines mit schwererer als fünfjähriger Zuchthausstrafe bedrohten Verbrechens angeschuldigt sind, ist leichtestes Sicherungsmittel Bürgschaft.

Gegen diejenigen, die eines mit lebenslänglichem Zuchthaus oder mit dem Tode bedrohten Verbrechens angeschuldigt sind, ebenso gegen die wegen vorsätzlicher Tötung (Art. 247 des Strafgesetzbuches) Angeschuldigten ist Sicherungsmittel gegen Flucht die Verhaftung.

Art. 222. Verhaftung als Sicherungsmittel gegen Flucht wird auch gegen solche Angeschuldigte angewendet, die keinen festen Wohnsitz haben, auch wo sie eines leichteren Verbrechens angeschuldigt sind.

Art. 223. Wenn Mafsregeln getroffen werden, um den Angeschuldigten zu hindern, sich der Untersuchung zu entziehen, wird nicht nur die Schwere der ihm drohenden Strafe, sondern auch die Kraft der gegen ihn vorliegenden Indizien, die Möglichkeit, dafs er die Spuren des Verbrechens verberge, der Gesundheitszustand, das Geschlecht, das Alter und die Stellung in der Gesellschaft in Betracht gezogen.

Art. 224. Pfandbestellung mufs in Geld oder andern Werten bestehen und kann, wie vom Angeschuldigten selbst, so auch von jeder andern Person geleistet werden.

Art. 225. Die Höhe der Bürgschaftsleistung oder Pfandbestellung wird vom Untersuchungsrichter nach der Schwere der drohenden Strafe und dem Vermögen des Bürgschafts- oder Pfandbestellers bestimmt. Über Empfang der Bürgschafts- oder Pfandbestellung stellt der Untersuchungsrichter eine Verfügung aus, die von ihm wie auch von dem Bürgschafts- oder Pfandbesteller unterzeichnet und ihnen auf Verlangen abschriftlich ausgehändigt wird.

Art. 226. Der Betrag der Bürgschafts- oder Pfandbestellung darf keinenfalls geringer sein, als der Betrag des Ersatzes, der von dem durch das Verbrechen Verletzten gefordert wird, falls diese Forderung dem Untersuchungsrichter beglaubigt ist.

Art. 227. Ergreift der Angeschuldigte die Flucht oder entzieht er sich der Untersuchung und dem Gerichte, so wird die vom Bürgschafts- oder Pfandbesteller beigetriebene Summe, nachdem aus ihr der etwa dem durch das Verbrechen Verletzten zuzusprechende Betrag abgezogen ist, zum Nutzen des Staatsschatzes verwendet.

Art. 228. Bis zur Stellung von Pfand oder Bürgschaft wird der Angeschuldigte in Haft oder Hausarrest gehalten.

Art. 229. Freilassung des Angeschuldigten gegen Bürgschafts- oder Pfandbestellung entbindet ihn nicht von Beobachtung der Regel des Art. 218.

Art. 230. Im Haftbefehle ist genau anzugeben:

1. der Name des Untersuchungsrichters und Tag des Erlasses;
2. der Name, Vor- und Beiname des Verhafteten;
3. das Verbrechen, dessen der Verhaftete angeschuldigt oder verdächtig ist;
4. die Gründe der Verhaftung.

Der Haftbefehl ist vom Untersuchungsrichter zu unterzeichnen.

Art. 231. Der Haftbefehl wird dem Angeschuldigten gleich bei seiner Beförderung an den Haftort und jedenfalls binnen vierundzwanzig Stunden vom Zeitpunkt seiner Verhaftung an vorgewiesen. Abschrift desselben wird an den Ort gesandt, wo der Angeschuldigte in Haft gehalten wird.

VII. Kapitel.

Ladung und Vernehmung von Zeugen.

Art. 232. Die Zeugen werden am Orte des Untersuchungsverfahrens vernommen, ausgenommen Fälle, in denen wegen Krankheit oder sonstiger Gründe, die sie am Erscheinen an diesem Orte hindern, ihre Vernehmung an ihrem Wohnsitze, oder wo sonst der Untersuchungsrichter dies geeigneter erachtet, nötig ist. Sind viele in einem und demselben Gerichtssprengel befindliche Zeugen zu vernehmen, so werden sie jedenfalls da, wo sie sich befinden, vernommen.

Art. 233. Die Zeugen werden in der in den Artt. 188—197 bestimmten Form vorgeladen.

Art. 234. Gemeine im aktiven Dienst stehende Soldaten werden als Zeugen von ihrer nächsten vorgesetzten Behörde, Offiziere direkt durch Vorladung vorgeladen.

Art. 235. Ein Zeuge, der in einem andern Bezirk oder einem andern Gerichtskreis wohnt, kann auf Erfordern des Untersuchungsrichters an diesem Orte von dem dortigen Untersuchungsrichter je nach Lage der Sache eidlich oder uneidlich vernommen werden. In solchem Falle stellt der die Untersuchung führende Richter ein schriftliches Gesuch an den andern Untersuchungsrichter, das dem Zeugen zu behändigen ist und dem letzterer zu entsprechen hat.

Art. 236. Erscheint der Zeuge nicht, ohne gesetzliche Hinderungsgründe (Art. 198) anzugeben, so legt ihm der Untersuchungsrichter eine Geldstrafe bis zu zweihundert Lew auf und sendet ihm eine zweite Vorladung. Stellt sich der Zeuge auch dann nicht, ohne gesetzliche Hinderungsgründe anzugeben, so wird er zur Untersuchung vorgeführt, unabhängig von seiner Verantwortlichkeit nach Art. 467 des Strafgesetzbuchs.

Art. 237. In Bezug auf die im aktiven Dienst stehenden Militärs gilt auch der ihnen wegen Kriegsumständen von ihrer Oberbehörde verweigerte Urlaub zur Entfernung von ihrem Dienstort als gesetzlicher Hinderungsgrund.

Art. 238. Beglaubigt der wegen Nichterscheinens in der Untersuchung zu Geldstrafe verfällte Zeuge binnen zwei Wochen vom Tage der Mitteilung der Verhängung der Geldstrafe an ihn, dafs er aus triftigen Gründen nicht erscheinen konnte, so hebt der Untersuchungsrichter die Geldstrafe auf.

Art. 239. Die Zeugen werden sofort nach Erscheinen vernommen. Kann wegen irgend eines Hindernisses nicht binnen 24 Stunden seit ihrem Erscheinen die Vernehmung erfolgen, so sind die Gründe hierfür im Protokoll zu verzeichnen und wird dem Zeugen auf sein Verlangen eine Abschrift verabfolgt.

Art. 240. In der Voruntersuchung leisten die Zeugen einen Eid nur in folgenden Fällen:

1. wenn der Zeuge eine weite Reise vor hat und seine Rückkehr sich verzögern kann;
2. wenn der Zeuge krank ist, sodafs für sein Leben zu befürchten steht;
3. wenn der Zeuge aufserhalb des Kreises des Gerichtes wohnt, vor das die Sache gehört, und dazu so entfernt vom Ort der Gerichtssitzungen, dafs es ihm ohne besondere Schwierigkeit nicht möglich ist, vor Gericht zu erscheinen.

Ausgenommen vorstehende Fälle vereidet der Untersuchungsrichter die Zeugen nicht, sondern erinnert sie nur daran, dafs sie vor Gericht eidlich vernommen werden können und stellt ihnen die Notwendigkeit vor, die reine Wahrheit nach bestem Gewissen zu bekunden.

Art. 241. Bei Vereidigung von Zeugen und Unterlassung der Vereidigung wie auch Befreiung von Personen vom Zeugnis richtet sich der Untersuchungsrichter nach den Vorschriften über Vernehmung von Zeugen vor Gericht (Artt. 406—410 und 413—420).

Art. 242. Die Zeugen werden einzeln ohne Anwesenheit nicht verhörter Zeugen und erforderlichenfalls zuerst ohne solche des Angeschuldigten und der Sachbeteiligten vernommen.

Art. 243. Die Fragen und die Antworten müssen kurz und deutlich sein. Jeder Zeuge wird über sein Verhältnis zu den Sachbeteiligten befragt.

Art. 244. Das mit dem Zeugen in Abwesenheit des Angeschuldigten vorgenommene Verhör wird letzterem vorgelesen. Der Angeschuldigte hat das Recht, die gegen ihn abgegebenen Aussagen zu widerlegen und den Untersuchungsrichter zu bitten, dem Zeugen neue Fragen vorzulegen.

Art. 245. Die von dem Angeschuldigten zur Widerlegung des Zeugen angeführten Umstände müssen, wenn sie wesentliche Bedeutung für die Sache haben, untersucht werden.

Art. 246. Bei Vernehmung von Zeugen, die eine dem Untersuchungsrichter unbekannte Sprache reden, ebenso bei Taubstummen kommen die Vorschriften der Artt. 214 und 215 zur Anwendung.

Art. 247. Im Notfall kann der Untersuchungsrichter den Zeugen von neuem befragen.

Art. 248. Zeugen werden miteinander konfrontiert, wenn von Aufklärung des Widerspruchs in ihren Aussagen die weitere Richtung der Untersuchung abhängt.

Art. 249. Die Zeugenaussagen werden in derselben Ordnung wie die des Angeschuldigten (Art. 213—214) aufgeführt. Im Verhörsprotokoll wird bei jedem Zeugen bemerkt, ob er seine Aussage beeidet oder unbeeidet abgegeben hat.

VIII. Kapitel.

Protokolle der Voruntersuchung.

Art. 250. Über jede wichtige Untersuchungshandlung wird ein besonderes Protokoll aufgenommen.

Art. 251. Das Protokoll wird in der Weise errichtet, dafs sich aus ihm deutlich ergibt: wer die Untersuchungshandlung vornahm, wann und wo und welcherlei Handlung, wer die Parteien, Urkundspersonen oder Sachverständigen waren, was durch diese Handlung entdeckt wurde, welche Bemerkungen und Einwendungen von den Sachbeteiligten oder Parteien gemacht wurden.

Art. 252. Im Verhörsprotokoll werden vermerkt:

1. die vernommenen Personen, auch die in ihrer Eigenschaft als Parteien zugezogenen;
2. die Antworten der vernommenen Personen und
3. die Bemerkungen des Angeschuldigten oder Einwendungen gegenüber vernommenen Zeugen.

Art. 253. Das Protokoll wird von allen in seiner Aufschrift genannten Personen unterzeichnet. Bei Schreibunkundigen unterzeichnen auf deren Bitte die von ihnen Bevollmächtigten.

Art. 254. Das Protokoll wird allen Personen, die es unterzeichnen sollen, vorgelesen. Will oder kann eine derselben nicht unterzeichnen, so wird der Grund im Protokoll vermerkt.

Art. 255. Ausgenommen die in diesem Gesetz bezeichneten Fälle trifft der Untersuchungsrichter besondere Verfügungen nur dann, wenn dies zur Aufklärung des Ganges der Untersuchung oder der Anordnung des Untersuchungsrichters nötig ist.

Art. 256. In den Verfügungen werden die Zeit ihres Erlasses, die gesetzlichen Beweggründe und Anlässe zu den bei der Untersuchung vorgenommenen Handlungen angegeben. Mit Ausnahme der in Art. 225 genannten werden sie nur vom Untersuchungsrichter unterzeichnet.

Art. 257. Rasuren im Protokoll und in Verfügungen des Untersuchungsrichters sind nicht gestattet. Offensichtliche Verbesserungen und Ergänzungen sind zulässig, doch nur unter der Bedingung, daſs sie vor Unterschrift des Protokolls oder der Verfügung erfolgen.

Art. 258. Auf Bitte der Sachbeteiligten erteilt der Untersuchungsrichter ihnen Abschriften aus Protokollen und Verfügungen, dem Angeschuldigten unentgeltlich, dem Privatankläger und Zivilkläger gegen die bestimmte Taxe.

IX. Kapitel.

Schluſs der Untersuchung.

Art. 259. Nach Beendigung der Voruntersuchung legt der Untersuchungsrichter dem Angeschuldigten, wenn dieser darum bittet, die Untersuchungsakten vor und befragt ihn, ob er noch etwas zu seiner Rechtfertigung vorzubringen wünscht.

Art. 260. Wenn der Angeschuldigte irgend neue Umstände anführt, ist der Untersuchungsrichter verpflichtet, diejenigen derselben zu prüfen, die Einfluſs auf die Entscheidung der Sache haben können.

Sodann eröffnet der Untersuchungsrichter allen Sachbeteiligten, daſs die Untersuchung geschlossen ist und sendet das ganze Untersuchungsmaterial an den Staatsanwalt.

Art. 261. Eine durch Antrag des Privatanklägers hervorgerufene Untersuchung wird dem Staatsanwalt nur zur Prüfung übersandt, ob nicht die Sache ein Verbrechen trifft, das von der Staatsanwaltschaft verfolgt wird.

Art. 262. Die vom Untersuchungsrichter in Haft genommenen Personen werden, wenn sie während Führung der Untersuchung im Bezirk in Haft gehalten wurden, in das Gefängnis der Kreisstadt, wo die Sache entschieden wird, verbracht.

Art. 263. Die auf das Verfahren bezüglichen Schriftstücke werden nach der Zeit ihrer Ausfertigung oder Einganges nummeriert, bogenweis gegengezeichnet und mit dem Siegel des Untersuchungsrichters versehen. Über diese Schriftstücke wird ein Verzeichnis aufgenommen und darauf vermerkt, auf welchem Blatt der Akten sich ein jedes befindet.

Art. 264. Ergibt sich aus der Untersuchung, dafs die Sache nicht vor das Kreisgericht gehört, so setzt der Untersuchungsrichter den Staatsanwalt davon in Kenntnis und sendet die Akten an das zuständige Gericht.

X. Kapitel.

Verantwortlichkeit der Polizeibeamten und Gerichtsärzte für Untersuchungshandlungen.

Art. 265. Die Polizei hat bei ihrer Thätigkeit für die Führung der Voruntersuchung dem Untersuchungsrichter und den Beamten der Staatsanwaltschaft thätigen Beistand zu Aufdeckung der Thatumstände zu leisten, ohne sich der Zögerung und Saumseligkeit schuldig zu machen.

Art. 266. Taucht bei Ausführung eines von der Staatsanwaltschaft oder vom Untersuchungsrichter erteilten Auftrags ein Zweifel auf, so erbitten die Polizeibeamten Aufklärung von dem Auftraggeber.

Art. 267. Stadt- wie Dorfpolizeibeamte werden wegen Nachlässigkeit und Unordnung von dem Staatsanwalte, unter dessen Aufsicht die Untersuchung geführt ist, zur Verantwortung gezogen. Je nach der Erheblichkeit der Nachlässigkeit oder Unordnung erteilt der Staatsanwalt dem Nachlässigen nur eine Verwarnung, wenn dies einen nicht höher gestellten Beamten als einen Polizeiaufseher betrifft, oder berichtet, wenn die Verschuldung disziplinarische Ahndung erfordert, deswegen an die zuständige Behörde.

Für Verhängung einer Disziplinarstrafe berichtet der Staatsanwalt der vorgesetzten Behörde des Polizeibeamten.

Haben dagegen Stadt- oder Dorfpolizeibeamte bei Erfüllung der ihnen bei der Untersuchung obliegenden Pflichten ein Verbrechen oder eine Übertretung begangen, so ordnet der Staatsanwalt ihre Stellung vor Gericht in gehöriger Weise an.

Art. 268. Ist ein Gerichtsarzt seinen Pflichten bei der Untersuchung nicht nachgekommen, so wird er von dem Staatsanwalt, unter dessen Aufsicht die Untersuchung geführt wurde, zur Verantwortung gezogen.

Für disziplinarische oder strafrechtliche Verantwortlichkeit der Gerichtsärzte, welche Pflichten bei der Untersuchung zu erfüllen haben, gilt entsprechend der vorstehende Artikel.

XI. Kapitel.

Beschwerdeführung über die Thätigkeit des Untersuchungsrichters.

I. Regelung der Beschwerdeführung.

Art. 269. Die Sachbeteiligten können über jeden Akt der Untersuchung, der ihre Rechte verletzt oder beschränkt, Beschwerde erheben. Zeugen, Sachverständige, Bürgen, Urkundspersonen und andre zum Verfahren zugezogene Personen können nur über Bedrückung und ungerechte Bestrafung, denen sie beim Verfahren unterzogen wurden, Beschwerde erheben.

Art. 270. Beschwerden über Akte der Polizei werden dem Staatsanwalte eingereicht, solche über Akte des Untersuchungsrichters zufolge eigener Amtsgewalt oder Auftrags des Staatsanwalts vor dem Kreisgericht oder bei dem Staatsanwalt des Appellationsgerichts angebracht.

Art. 271. Beschwerden können auch vor Anbringung der Sache vor Gericht erhoben werden, sie können mündlich oder schriftlich sein. Mündliche Beschwerden werden im Protokoll eingetragen.

Art. 272. Dem verhafteten Angeschuldigten, der eine Beschwerde zu erheben wünscht, werden alle hierzu erforderlichen Mittel gewährt.

Art. 273. Jede Beschwerde wird zu ihrer Weiterbeförderung demjenigen Beamten eingereicht, gegen dessen Thätigkeit sie sich richtet.

Der Beschwerdeführer kann Empfangsbescheinigung verlangen.

Art. 274. Die eingereichte Beschwerde ist mit etwa nötigen Bemerkungen an den gehörigen Ort binnen drei Tagen und, ist sie wegen Entzuges der Freiheit erhoben, binnen vierundzwanzig Stunden zu befördern.

Art. 275. Die Beschwerdeführung hemmt bis zu ihrer Entscheidung weder das Untersuchungsverfahren noch den Vollzug der einzelnen Untersuchungshandlung.

II. Regelung der Beschwerdeprüfung.

Art. 276. Nach Eingang der Beschwerde schreitet das Gericht nicht später als am ersten Sitzungstage zu ihrer Entscheidung in einer beratenden Sitzung.

Art. 277. Die Beschwerde und alle die betreffenden Auskünfte werden von einem der Gerichtsmitglieder vorgetragen.

Art. 278. Bei Beschwerdeprüfung erfolgt Einforderung der Untersuchungsakten nur dann, wenn ohne sie dieselbe nicht entschieden werden kann.

Art. 279. Vor der Entscheidung der Beschwerde wird der Antrag des Staatsanwalts angehört.

Die Entscheidung erfolgt in einer Verfügung mit Gründen.

Art. 280. Hält das Gericht die Übergabe der Untersuchung an einen andern Untersuchungsrichter für notwendig, so werden in der Verfügung die für nichtig erachteten und von neuem vorzunehmenden Akte angegeben.

Art. 281. Der Gerichtsbeschlufs wird dem Beschwerdeführer eröffnet und ohne Aufschub vollzogen. Der Beschwerdeführer kann Abschrift der Verfügung verlangen. Diesem Verlangen ist binnen drei Tagen nachzukommen.

XII. Kapitel.

Handlungen des Kreisgerichts und des Staatsanwalts nach Schlufs der Voruntersuchung.

Art. 282. Nach Schlufs der Voruntersuchung übergibt der Untersuchungsrichter die Akten dem Staatsanwalte des Kreisgerichts, welcher zu prüfen hat:

1. ob die Sache in den Geschäftskreis der Staatsanwaltschaft gehört;
2. ob die Untersuchung mit gehöriger Vollständigkeit geführt ist;
3. ob der Angeschuldigte vor Gericht zu stellen oder die Sache einzustellen oder aufzuschieben ist.

Art. 283. Eine mittels Privatanklage anhängig gemachte Sache wird der Kompetenz des Staatsanwalts nicht entzogen, wenn sich aus der Untersuchung ein der Verfolgung des Staatsanwalts unterliegendes Verbrechen ergeben hat. Ist dagegen der Gegenstand der Untersuchung eine der Privatverfolgung unterliegende Sache, so beschränkt sich die Pflicht des Staatsanwalts auf Übergabe der Sache an das zuständige Gericht.

Art. 284. Ist die Untersuchung offenbar unvollständig, sodafs sich auf die Natur des Verbrechens nicht schliefsen läfst, hat solchenfalls der Staatsanwalt das Recht, entweder ergänzende Ermittlungen zu erfordern oder die Sache zur Erörterung zurückzusenden.

Art. 285. Die bei der Untersuchung eines Verbrechens entdeckten strafbaren Handlungen von Personen, die bei jenem Verbrechen nicht beteiligt waren, können nicht Anlafs zur Ergänzung der Untersuchung, sondern müssen den Gegenstand einer besonderen bilden.

Art. 286. Dem Staatsanwalt ist bei Androhung gesetzlicher Verantwortlichkeit verboten, die Sache wegen Ergänzung der Untersuchung durch unwesentliche Ermittlungen aufzuhalten.

Art. 287. Ist bei Zusammentreffen von Verbrechen eines Angeschuldigten das wichtigste untersucht, aber zur Aufdeckung der Umstände des minder wichtigen Verbrechens längere Zeit erforderlich, so kann der wegen des wichtigeren Verbrechens beendeten Untersuchung Fortgang gegeben werden, ohne die Vollendung der Untersuchung wegen des geringeren Verbrechens abzuwarten.

Art. 288. Ist ein Verbrechen von mehreren begangen, so kann, wenn auch einige von ihnen nicht bekannt oder entdeckt sind, der Untersuchung gegen den Angeschuldigten, gegen den alle Thatumstände in Gewifsheit gesetzt sind, weiterer Fortgang gegeben werden.

Art. 289. Der Staatsanwalt hat jeder Untersuchungssache binnen sieben Tagen nach ihrem Empfang den gesetzlichen Fortgang zu geben.

Art. 290. Kraft eigener Gewalt kann der Staatsanwalt des Kreisgerichts die Ordnung der Zuständigkeit für eine Sache nicht ändern, wenn sie auch eine ungesetzliche Richtung erhalten hat, noch die Untersuchung wegen Nichtbegründung der Anschuldigung oder aus andern gesetzlichen Gründen einstellen oder aufschieben, noch unter einander zusammenhängende Sachen trennen (Art. 287, 288), gibt vielmehr hierüber dem Gericht, bei dem er sich befindet, ein Gutachten ab.

Art. 291. Der Antrag des Staatsanwalts über die Stellung des Angeschuldigten vor Gericht wird in Form einer Anklageschrift abgefafst, worin verzeichnet sein mufs:

1. der Vorfall, der in sich Anzeichen einer strafbaren Handlung enthält;
2. Zeit und Ort derselben, soweit dies bekannt ist;
3. Namen, Vornamen, Beinamen und Beruf des Angeklagten;
4. die in der Sache gegen den Angeklagten gesammelten wesentlichen Beweise und Indizien;
5. die Gesetzbestimmung, welchem bestimmten Verbrechen die Anzeichen der untersuchten That entsprechen.

Art. 292. Der Anklageschrift legt der Staatsanwalt ein Verzeichnis der zur gerichtlichen Verhandlung vorzuladenden Personen bei.

Art. 293. Ist der Staatsanwalt bei einer Sache oder bei eng mit einander verbundenen Sachen der Ansicht, dafs der eine Angeklagte oder die eine seiner Handlungen vor das Gericht gehört, ein andrer Angeklagter oder eine andre That desselben nicht dem Gericht zu unterbreiten ist, so überreicht er gleichzeitig Anklageschrift für die eine und seinen Antrag betreffs Fallenlassens der andern.

Art. 294. Gleichzeitig mit der Anklageschrift oder mit dem Schlufsantrag betreffs Fallenlassens oder Einstellung der Sache gibt der Staatsanwalt seine Meinung ab über die Mafsregeln, um den Angeklagten zu hindern, sich dem Gerichte zu entziehen, wenn er es für nötig hält, dafs eine der gegen ihn ergriffenen Mafsregeln abgeändert oder aufgehoben werde.

Art. 295. In Privatanklagesachen wird die Anklageschrift durch den Antrag des Privaten ersetzt, der vom Schlusse der Untersuchung benachrichtigt wird, um die Möglichkeit zu haben, eine Ergänzung seines Antrags vorzubringen.

Art. 296. Hat der Staatsanwalt Antrag auf Fallenlassen der Sache gestellt, so prüft das Kreisgericht die Untersuchung nur betreffs der Personen, die zur Verantwortung gezogen wurden. Ist es mit der Ansicht des Staatsanwalts nicht einverstanden, so wird die Frage betreffs Fallenlassens der Sache dem Appellationsgericht zur Entscheidung in Zivilsitzung vorgelegt. Tritt das Appellationsgericht dem Kreisgericht bei, so verfügt es, dafs die zur Verantwortung gezogene Person vor Gericht gestellt werde. Diese Verfügung des Appellationsgerichts vertritt die Anklageschrift und wird entsprechend den Artt. 291, 292 abgefafst.

Art. 297. Bei Fallenlassen des Strafverfahrens seitens des Kreisgerichts durch Verfügung erfolgt Bekanntmachung durch Anschlag an den Gerichtsthüren und Mitteilung an den Verletzten.

Art. 298. Gegen die Verfügung des Kreisgerichts betreffs Fallenlassens der Sache hat der Verletzte, auch wenn er keine Zivilforderung erhoben hat, das Recht, binnen eines Monats vom Tage der ihm gewordenen Mitteilung hierüber in vorstehend bezeichneter Weise Beschwerde bei dem Appellationsgericht (Zivilabteilung) in der für Privatklagen bestimmten Form einzulegen.

Die Verfügung des Appellationsgerichts in der Sache ist endgiltig und wird, wenn sie die Beschwerde des Verletzten in Berücksichtigung zieht, nach Vorschrift der Artt. 291, 292 abgefafst und vertritt die Anklageschrift.

Drittes Buch.

Verfahren vor den Kreisgerichten.

I. Kapitel.

Einleitung der Sachen vor Kreisgerichten.

Art. 299. Das Strafverfahren vor den Kreisgerichten wird eingeleitet: 1. entweder durch eine dem Kreisgericht eingereichte Anklageschrift des Staatsanwalts, 2. oder Antrag des Privatanklägers, 3. oder eingelegte Beschwerde der Parteien gegen Urteile der Friedensgerichte und 4. durch Verfügung des Appellationsgerichts in den Fällen der Artt. 296 und 298.

Art. 300. In Sachen, die unter Mitwirkung von Gerichtsbeisitzern entschieden werden, ist Voruntersuchung unbedingt notwendig. In andern Sachen ohne Mitwirkung von Gerichtsbeisitzern kann das Gericht auch ohne Voruntersuchung zur Entscheidung schreiten, wenn der Staatsanwalt nach den ihm zugegangenen Nachrichten und Beweisen oder der Beschaffenheit der Sache es für möglich erachtet, eine Anklageschrift dem Gerichte zu überreichen.

Art. 301. Bei Sachen, die auf Privatbeschuldigung hin verhandelt werden und vor das Kreisgericht als erste Instanz gehören, kann das Gericht zur Prüfung des Antrags des Privatanklägers gemäfs den von ihm vorgebrachten Ermittlungen und Beweisen schreiten.

Auf Wunsch des Privatanklägers kann auch eine Voruntersuchung eingeleitet werden.

II. Kapitel.

Vorbereitung der gerichtlichen Verhandlung.

I. Anordnungen des Gerichts.

Art. 302. Das Kreisgericht ist verpflichtet, in jeder seiner Beurteilung unterliegenden Sache vor allem in einer beratenden Sitzung zu urteilen, ob die Sache nicht besonderer Anordnungen von seiner Seite bedarf, und die Ordnung der weiteren Verhandlung zu bestimmen.

Art. 303. Bei Vorprüfung der Sache werden auch alle Beschwerden oder von den Parteien angeregten Fragen betreffs Ordnung des Verfahrens entschieden.

Art. 304. Erfordern die zu beurteilenden Sachen die Mitwirkung von Gerichtsbeisitzern, so richtet sich der Gerichtspräsident betreffs ihrer Einberufung nach der im Gerichtsverfassungsgesetz vorgeschriebenen Ordnung.

II. Anordnungen des Gerichtsvorsitzenden.

Art. 305. Wenn nach Vorprüfung der Untersuchung im Kreisgericht der Sache weiterer Fortgang gegeben wird, so ordnet der Gerichtsvorsitzende unverzüglich an, dafs dem Angeklagten behändigt werden:

1. Abschrift der Anklageschrift oder des Antrags des Privatanklägers;
2. Verzeichnis der Personen, die vor Gericht geladen werden sollen.

Art. 306. Bei Behändigung der im vorstehenden Artikel bezeichneten Schriftstücke wird dem Angeklagten eröffnet, dafs er binnen sieben Tagen zu melden habe, ob er jemanden zu seinem Verteidiger gewählt hat, ob er wünscht, dafs noch andre in der Voruntersuchung nicht vernommene oder vernommene Personen verhört werden sollen, aufser den ihm in der Liste bezeichneten, und über welche Umstände sie vernommen werden sollen. Sowohl über Behändigung der betreffenden Schriftstücke und Eröffnung betreffs Wahl eines Verteidigers, wie auch Ergänzung der Zeugenliste wird vom Angeklagten eine Bescheinigung bezogen; ist er des Schreibens unkundig, so wird die Unterschrift von einem durch ihn hierzu Bevollmächtigten gegeben.

Art. 307. Der Zivilkläger wird vom Eingang der Anklageschrift bei Gericht in Kenntnis gesetzt, wobei ihm das Recht zusteht, für eine Abschrift dieses Aktes auf seine Kosten Sorge zu tragen.

Art. 308. Der Zivilkläger kann binnen siebentägiger Frist seit Kenntnisnahme eine Ergänzung der Liste der zur Ladung vor Gericht bestimmten Personen erbitten.

Art. 309. Die Angeklagten können ihre Verteidiger aus den Personen wählen, denen nach Gesetz das Recht der Anwaltschaft zusteht. Ist der Angeklagte minderjährig, so unterliegt die Zulassung des von ihm gewählten Verteidigers der Genehmigung des Gerichtsvorsitzenden.

Art. 310. Auf Bitte armer Angeklagter ernennt das Gericht, wenn möglich, einen Verteidiger aus den bei Gericht praktizierenden Advokaten.

Art. 311. Für zwei oder mehrere in einer und derselben Sache Angeklagte kann ein gemeinsamer Verteidiger nur dann bestellt werden, wenn die Natur der Verteidigung des einen nicht der Verteidigung des andern widerspricht. Entgegengesetzten Falls ist für jeden Angeklagten ein besonderer Verteidiger zu bestellen.

Art. 312. Angeklagten ist unbenommen, mit Vorwissen des Vorsitzenden von ihnen gewählte Verteidiger zu ersetzen oder Ersetzung der ihnen vom Gericht bestellten zu erbitten.

Art. 313. Gleichzeitig mit der Anordnung der Zulassung von Verteidigern zu Erfüllung ihrer Pflichten gestattet ihnen der Gerichtsvorsitzende, sich mit dem verhafteten Angeklagten unter vier Augen zu besprechen.

Art. 314. Der Angeklagte und sein Verteidiger, der Zivilkläger und Privatankläger oder ihre Bevollmächtigten sind zu jeder Zeit berechtigt, an jedem Gerichtssitze in Gegenwart und unter Aufsicht des Sekretärs in der Gerichtskanzlei die Originalakten der Sache einzusehen und sich daraus alle nötigen schriftlichen Auszüge zu machen.

Art. 315. Dem Staatsanwalt kann die Vorladung von Zeugen nicht verweigert werden, die er in der Anklageschrift oder in einem besonderen während der vorbereitenden gerichtlichen Anordnungen dem Gerichtsvorsitzenden eingereichten Antrag benannt hat.

Art. 316. Vorladung von Zeugen auf Bitte andrer Sachbeteiligter ist nur gestattet, wo das Gericht annimmt, dafs ihre Aussagen sich auf Umstände beziehen, die eine wirkliche Bedeutung für die Aufklärung der Sache haben können.

Wird zur Feststellung eines und desselben Umstandes die Vorladung mehrerer neuer Zeugen verlangt, so braucht das Gericht nicht alle vorzuladen, wenn es dafür erachtet, dafs ihre Vernehmung ohne Nutzen das Verfahren in der Sache verzögert oder aufhält.

Art. 317. Hat das Gericht Zeugen zu laden abgelehnt und die Partei hiervon benachrichtigt, so können Zeugen zur Vernehmung vor Gericht an dem zur Entscheidung der Sache bestimmten Termine von der Partei selbst gestellt werden, die sie gefordert hat, wenn sie ihnen vorgängig mit ihrem Einverständnis die Reisekosten bezahlt.

Art. 318. Nach Ablauf der für das Verlangen der Vorladung von Zeugen bestimmten Frist können solche nur infolge neu entdeckter Thatumstände vorgeladen werden; dabei kann aber kein Zeuge, der auf Verlangen einer Partei vorgeladen wurde, zur Vernehmung in der Gerichtssitzung ohne Genehmigung der Gegenpartei zugelassen werden, wenn diese nicht hiervon einen Tag vorher in Kenntnis gesetzt worden ist.

Art. 319. Die Parteien können bitten, dafs auch Sachverständige zur Aufklärung eines Punktes oder Begutachtung einer schon vorgenommenen Expertise vor Gericht geladen werden. Desfallsige Anträge müssen in der Frist der Artt. 306 und 308 gestellt werden.

Art. 320. Ist einer der Angeklagten oder Zeugen des Bulgarischen nicht mächtig, so bestellt der Gerichtsvorsitzende zur Verhandlung der Sache einen Übersetzer aus den Personen, die die Eigenschaft glaubwürdiger Zeugen haben.

Art. 321. Ist der Angeklagte oder einer der Zeugen taub oder stumm und nicht im stande, seine Gedanken schriftlich zu erklären, so wird ein Dolmetsch zur gerichtlichen Verhandlung nach den Bestimmungen der Artt. 214, 215 zugezogen.

Art. 322. Angeklagte, ihre Verteidiger, der Privatankläger, der Zivilkläger, Zeugen, Sachverständige und alle zur gerichtlichen Verhandlung zuzuziehenden Personen werden in der in den Artt. 188—197 bestimmten Weise vor Gericht geladen.

Minister, Metropoliten und Bischöfe werden in ihrer Wohnung vernommen, wenn sie dies binnen drei Tagen nach Empfang der Vorladung verlangen.

Die Vernehmung erfolgt in solchen Fällen durch eines der Gerichtsmitglieder in der in den Artt. 298—302 der Zivilprozefsordnung bestimmten Weise.

Die Vorladung von Eisenbahnangestellten erfolgt durch Ladungszettel ihrer Vorgesetzten.

Art. 323. Auf freiem Fufse befindliche Angeklagte, die eines mit Zuchthaus bedrohten Verbrechens angeschuldigt sind, müssen persönlich sich stellen, wenn sie auch gewählte Verteidiger haben. Während der Voruntersuchung in Haft gehaltene Angeklagte werden in das Gefängnis der Stadt abgeliefert, wo das Gericht sitzen soll und zwar wenigstens eine Woche vor Eröffnung der Sitzung.

Art. 324. Privatankläger und Zivilkläger können persönlich erscheinen oder sich durch Bevollmächtigte vertreten lassen.

Art. 325. Gleichzeitig mit der Anordnung betreffs Ladung von Personen, die vor Gericht erscheinen müssen, bestimmt der Gerichtsvorsitzende Zeit und Ort der Gerichtssitzung für jede Sache, indem er dabei die Entfernung des Aufenthaltsortes der vorgeladenen Personen in Betracht zieht.

Art. 326. Über die Sachen, die zur Aburteilung bestimmt sind, wird eine Bekanntmachung entworfen und an den Gerichtsthüren angeschlagen und zwar wenigstens eine Woche vorher.

Art. 327. Drei Tage vor Eröffnung der Gerichtssitzung wird jedem Angeklagten das Namensverzeichnis der Richter, des Staatsanwalts und der Gerichtsbeisitzer, wo solche in der Sache mitwirken, zugestellt.

Art. 328. Treten in einer zur Aburteilung bestimmten Sache Hindernisse rücksichtlich Eröffnung der Gerichtssitzung am bestimmten Termine ein oder erkrankt der Angeklagte oder ein Zeuge, dessen Aussage besondere Bedeutung für die Sache hat, oder liegen sonstige triftige Gründe vor, so vertagt der Gerichtsvorsitzende die Sitzung in dieser Sache, setzt die vom Gericht geladenen Personen unverzüglich davon in Kenntnis und erläfst eine Bekanntmachung, die an den Gerichtsthüren angeschlagen wird.

Art. 329. Als Hindernis für Eröffnung einer Gerichtssitzung kann auch Erkrankung des Verteidigers gelten, wenn wegen Kürze der Zeit bis zum Sitzungstermin es dem neu bestellten Verteidiger nicht möglich ist, sich auf die Sache vorzubereiten.

Art. 330. Erscheint der auf freiem Fufs befindliche Angeklagte ohne Anführung gesetzlicher Hinderungsgründe nicht, so wird er vor Gericht geführt und mufs alle Kosten tragen, die durch Vertagung der Sache verursacht sind.

Art. 331. Nichterscheinen des Privatanklägers oder seines Bevollmächtigten ohne Anführung gesetzlicher Hinderungsgründe gilt als Verzicht auf die Strafklage und hat Fallenlassen der Sache wie Verfällung in die verursachten Kosten zur Folge.

Art. 332. Nichterscheinen des Zivilklägers oder seines Bevollmächtigten vor Gericht hindert die Eröffnung der Sitzung nicht; aber es wird die gestellte Zivilforderung vom Strafgericht nicht behandelt.

III. Kapitel.

Richterkollegium in der Gerichtssitzung und Ablehnung von Richtern.

Art. 333. In der Gerichtssitzung müssen anwesend sein 1. mindestens drei Richter, darunter der Vorsitzende oder sein Stellvertreter, 2. der Staatsanwalt oder sein Gehilfe, 3. der Sekretär oder Untersekretär.

Art. 334. Verläfst einer der drei anwesenden Richter krankheitshalber oder aus sonstigem Grunde seinen Sitz vor Schlufs der Verhandlung und tritt ein andrer Richter an seine Stelle, so sind die Gerichtsverhandlung und alle Debatten von Anfang an zu wiederholen.

Art. 335. Entfernt sich der Staatsanwalt, so wird die Gerichtssitzung fortgesetzt, falls dieser sich durch einen andern Beamten der Staatsanwaltschaft vertreten läfst.

Art. 336. Entfernt sich der Sekretär, so kann die Gerichtssitzung nur dann fortgesetzt werden, wenn er sich durch einen andern vertreten läfst.

Art. 337. Dem Angeklagten und Verletzten ist auf gesetzliche Gründe hin gestattet, Richter von der Mitwirkung an der Beurteilung der Sache abzulehnen.

Art. 338. Richter können von den Sachbeteiligten in folgenden Fällen abgelehnt werden:

1. wenn der Richter, seine Ehefrau, seine Verwandten in gerader Linie unbeschränkt, in der Seitenlinie Verwandte der ersten vier Grade und Verschwägerte der ersten drei Grade oder ein Adoptivkind des Richters bei der Sache beteiligt sind;
2. wenn der Richter in dieser Sache Untersuchungsrichter, Staatsanwalt oder Bevollmächtigter einer Partei war oder in der Liste der für die Gerichtssitzung geladenen Zeugen aufgeführt ist;
3. wenn der Richter Vormund einer der bei der Sache beteiligten Personen ist oder eine derselben die Geschäfte der andern verwaltet und
4. wenn der Richter oder seine Ehefrau gesetzlich die nächsten Erben einer bei der Sache beteiligten Person sind oder aber mit einer derselben in einem Rechtsstreit stehen.

Art. 339. Die Ablehnung eines Richters erfolgt entweder durch schriftliches oder mündliches Gesuch, spätestens einen Tag vor Eröffnung der Gerichtssitzung in der Sache, aufser wo der Grund der Ablehnung später während der Verhandlung entdeckt wird.

Art. 340. Wer einen Richter abzulehnen wünscht, mufs genau die Gründe hierfür angeben und die unterstützenden Beweise vorlegen oder andeuten.

Art. 341. Ein Richter, dessen Ablehnung gefordert ist, kann an der Entscheidung nicht teilnehmen, sondern gibt die nötige Aufklärung der zu beurteilenden Sachlage.

Art. 342. Nach Anhörung der Aufklärungen des Richters, gegen den das Ablehnungsgesuch erhoben ist, und Vernehmung des Antrags des Staatsanwalts fafst das Gericht über die Ablehnung Beschlufs und im Falle der Ausschliefsung des Richters auch betreffs der Giltigkeit der Akte, an denen er teilgenommen hat.

Art. 343. Richter, denen Gründe ihrer Ausschliefsung bekannt sind, müssen diese dem Gerichte anzeigen, ohne Ablehnung seitens eines Sachbeteiligten abzuwarten.

Auf solche Anzeige hin trifft das Gericht Verfügung über die Bewilligung der Ausschliefsung in vorstehend bezeichneter Weise.

Art. 344. Der Staatsanwalt ist verpflichtet, sich aus denselben Gründen, wie Richter in der Sache auszuschliefsen und nicht an der Verhandlung derselben teilzunehmen, wobei er solchenfalls einem andern Mitgliede der Staatsanwaltschaft die Erfüllung seiner Pflichten gemäfs den für solche Fälle gegebenen gesetzlichen Bestimmungen überträgt.

Art. 345. Angeklagte, wie die durch das Verbrechen Verletzten können dem Gerichte von gesetzlichen Ausschliefsungsgründen des Staatsanwalts Anzeige machen, falls dieser sich nicht selbst in den vorstehend genannten Fällen ausschliefst. Alsdann teilt das Gericht, ohne die Sachverhandlung aufzuhalten, die Handlungsweise des Staatsanwalts dem nächsten Vorgesetzten zu dessen weiterem Ermessen mit.

Art. 346. Der Gerichtssekretär ist verpflichtet, sich in einer Sache auszuschliefsen, an der Personen beteiligt sind, die mit ihm in den Beziehungen des Art. 338 stehen. Doch beraubt die Nichterfüllung dieser seiner Verpflichtung die von ihm im Protokoll niedergeschriebenen Akte nicht der gesetzlichen Kraft, falls die Glaubwürdigkeit des Protokolls nicht durch andre Gründe widerlegt wird.

Art. 347. Gegen die Ausschliefsungsverfügung rücksichtlich eines Richters können nur von den Sachbeteiligten Einwendungen erhoben werden, und zwar nicht getrennt, sondern zusammen mit solchen gegen die Entscheidung der Sache selbst.

Art. 348. In den Sachen des Art. 26 des vorliegenden Gesetzes gehört zum Gerichtspersonal aufser den im Art. 333 genannten Personen auch die gesetzliche Zahl ausgelooster Gerichtsbeisitzer, die in oben bezeichneter Weise nicht vorgängig ausgeschieden sind.

VI. Kapitel.

Gang der Verhandlung in der Gerichtssitzung.

Art. 349. Der Gerichtsvorsitzende leitet den Gang der gerichtlichen Verhandlung, wacht über die Ordnung der Erklärungen und Gegenerklärungen, beseitigt in den Debatten alles, was keinen direkten Bezug zur Sache hat, läfst Beleidigungen, gegen wen auch immer, nicht zu und gestattet keine Verletzung der der Religion, dem Gesetze und den bestehenden Obrigkeiten gebührenden Achtung.

Art. 350. Der Gerichtsvorsitzende hat allen Angeklagten alle möglichen Mittel zu ihrer Rechtfertigung zu gewähren.

Art. 351. Indem der Gerichtsvorsitzende dem Gange der Sache diejenige Richtung gibt, die am sichersten zur Aufklärung der Wahrheit führt, kann er anordnen, dafs die gerichtliche Verhandlung zunächst über den einen, dann über den andern von mehreren eines Verbrechens Angeklagten geführt werde, ist aber nicht berechtigt, einem von ihnen das Vorbringen von Bemerkungen über die Natur der Sache als auch die Art und Weise der Verhandlung im Gerichte zu verwehren.

Art. 352. In Sachen, in denen an der Entscheidung Gerichtsbeisitzer teilnehmen, beachtet das Gericht, dafs diese sich aller Mittel zur gründlichen Beurteilung der Sache bedienen können und gibt ihnen auf ihr Verlangen die erforderlichen Aufklärungen in einfachen, ihnen verständlichen Worten.

Art. 353. Während der Pausen der Gerichtssitzung trifft das Gericht Mafsregeln, um äufsere Einflüsse auf die Gerichtsbeisitzer zu verhüten, die ihnen Anlafs zu Vorurteil bieten könnten.

Art. 354. In besonders wichtigen Sachen hat das Gericht jedem Verkehr mit den Gerichtsbeisitzern vorzubeugen, indem es ihnen zur Erholung einen besondern Raum anweist.

Art. 355. Der Gerichtsvorsitzende ruft jeden zur Ordnung, der sich in der Gerichtssitzung erlaubt, Beifall oder Mifsfallen über abgegebene Aufserungen oder Erklärungen zu äufsern oder in unerlaubten Verkehr mit Zeugen oder Gerichtsbeisitzern tritt, oder sonst die vorgeschriebene Ordnung verletzt.

Art. 356. Wird der Ordnungsruf des Gerichtsvorsitzenden nicht beachtet, so verfährt dieser gegen den Ruhestörer in der im Gerichtsorganisationsgesetze bestimmten Weise.

Art. 357. Alle Anordnungen, die aufser der Grenze der Gewalt des Gerichtsvorsitzenden liegen, und alle Verfügungen über Streitpunkte und Kollisionen unter den Parteien können nur vom Gericht ausgehen, das in den auf die Ordnung der Sachverhandlung bezüglichen Fragen vorerst den Staatsanwalt anhört.

V. Kapitel.

Erfordernisse der Sachverhandlung in der Gerichtssitzung.

Art. 358. Gerichtssitzungen in Strafsachen sind öffentlich. Doch hat das Gericht das Recht, Verhandlung bei geschlossenen Thüren anzuordnen, wenn es sieht, dafs Interessen der Religion, der öffentlichen Ordnung oder Sittlichkeit durch öffentliche Verhandlung der zu beurteilenden Sache leiden. Dieser Beschlufs des Gerichts wird öffentlich verkündet und im Protokoll vermerkt.

Bemerkung. Personen unter siebzehn Jahren ist Anwesenheit in öffentlicher Gerichtssitzung als Publikum nicht gestattet.

Art. 359. Schliefsung der Thüren der Gerichtssitzung als aufserordentliche Mafsregel ist den Anwesenden mitzuteilen und in der Gerichtsverfügung anzugeben, welche Akte namentlich bei geschlossenen Thüren vorzunehmen sind, und aus welchem Grunde.

Art. 360. Nach Verkündung der Gerichtsverfügung betreffs Schliefsung der Thüren haben die an der Sache Nichtbeteiligten sich sofort zu entfernen; doch können auf Verlangen des Angeklagten und des Verletzten im Gerichtssaale ihre Verwandten und Bekannten, doch nicht mehr als drei Personen von jeder Partei, verbleiben. Jedenfalls sind, wenn der Gerichtsvorsitzende verkündet, dafs die geheimen Verhandlungen beendet sind, die Gerichtsthüren wieder zu öffnen und gehen die folgenden Akte öffentlich vor sich.

Art. 361. Mit Erlaubnis des Gerichtsvorsitzenden werden zur Anhörung einer bei geschlossenen Thüren verhandelten Sache die dem Gerichtsressort oder dem Advokatenstande zugehörigen Personen zugelassen.

Art. 362. Die Gerichtsverhandlung erfolgt mündlich. Von dieser Regel sind nur die in den nachfolgenden Artikeln bezeichneten Ausnahmen zugelassen.

Art. 363. Es ist nicht verboten, in der Gerichtssitzung die von Zeugen in der Voruntersuchung abgegebenen Aussagen zu verlesen, wenn diese vor Gericht nicht erschienen sind wegen Todes, Krankheit, bekannter Abwesenheit, hohen Alters, weiter Reise oder andrer schwerer Hindernisse. Ebenso werden die Aussagen der im Art. 322 Abs. 2 genannten, in ihrer Wohnung vernommenen Zeugen verlesen.

Art. 364. Frühere Aussagen eines erschienenen Zeugen können, wenn er wieder vernommen wird, verlesen werden, wenn seine mündlichen Aussagen nicht mit den in der Voruntersuchung abgegebenen schriftlichen übereinstimmen.

Art. 365. Den Sachbeteiligten, Zeugen und Sachverständigen ist nicht verboten, zu genauerer Darlegung ihrer mündlichen Aussage Notizen bei sich zu haben, wenn sich ihre Aussage auf irgend welche Berechnung, Deduktion oder Rechenschaftsberichte bezieht, die schwer im Gedächtnis zu behalten sind.

Art. 366. Den Sachbeteiligten und Zeugen ist auch nicht verboten, empfangene Briefe oder von ihnen besessene Dokumente zu verlesen, wenn diese oder jene sich auf den Gegenstand ihrer Aussage beziehen.

Art. 367. Der Staatsanwalt und Privatankläger einerseits, der Angeklagte oder sein Verteidiger anderseits geniefsen bei der gerichtlichen Verhandlung gleiche Rechte. Diese wie jene Partei hat das Recht 1. Beweise für ihre Behauptung beizubringen, 2. aus gesetzlichen Gründen Zeugen und Sachverständige abzulehnen, ihnen mit Genehmigung des Gerichtsvorsitzenden Fragen vorzulegen, Zeugenaussagen zu widerlegen und zu bitten, dafs die Zeugen von neuem nebeneinander oder getrennt vernommen werden, 3. über jede im Gericht vor sich gehende Handlung Bemerkungen zu machen und Erklärungen abzugeben, und 4. die Beweise und Kombinationen der Gegenpartei zu widerlegen.

Art. 368. Vorstehend genannte Rechte geniefst auch der Zivilkläger rücksichtlich aller Punkte, die sich auf seine Klage beziehen.

Art. 369. Bei der gerichtlichen Diskussion der Parteien bleibt das Recht des letzten Wortes sowohl rücksichtlich der Natur der

Sache als auch aller Streitpunkte stets dem Angeklagten oder seinem Verteidiger.

Art. 370. Die gerichtliche Verhandlung mufs, ausgenommen die zur Erholung nötige Zeit, in jeder Sache ununterbrochen vor sich gehen.

Art. 371. Erachtet das Gericht Aussetzung der Sachverhandlung auf kurze Zeit für nötig, um weitere Ermittlungen zu sammeln, so wird nach Eingang derselben die Sache wieder bei dem Akt aufgenommen, bei dem sie abgebrochen wurde. Doch können die Richter Wiederholung einzelner Akte oder Vornahme der gerichtlichen Verhandlung von Anfang an fordern.

VI. Kapitel.

Akte der Eröffnung der Gerichtssitzung.

I. Eröffnung der Gerichtssitzung.

Art. 372. In dem zur Behandlung einer Sache angesetzten Zeitpunkt eröffnet der Gerichtsvorsitzende die Sitzung, nachdem er sich überzeugt, dafs alle zur Anwesenheit in der Gerichtssitzung verpflichteten Beamten sich an ihren Plätzen befinden, teilt mit, welche Sache zur Verhandlung kommen soll, und befiehlt, dafs der Angeklagte in den Sitzungssaal geführt werde.

Der erschienene Angeklagte darf sich aus der Gerichtssitzung nicht entfernen. Das Gericht kann die nötigen Mafsregeln ergreifen, um seine Entfernung zu hindern; bei Aussetzung der Verhandlung kann es anordnen, dafs der Angeklagte unter Bewachung gestellt werde.

Wenn jedoch der Angeklagte sich entfernt oder nach Aussetzung der Sitzung sich nicht stellt, kann die Fortführung der Verhandlung in seiner Abwesenheit erfolgen, wenn seine Vernehmung auf die Anschuldigung erfolgt war und das Gericht seine Anwesenheit nicht für nötig erachtet.

Art. 373. Der Gerichtsvorsitzende befragt den Angeklagten über seinen Namen und Beinamen, sein Alter, sein Glaubensbekenntnis, seinen Wohnort und seinen Beruf, sowie darüber, ob er Abschrift der Anklageschrift oder der Privatanklage erhalten hat.

Art. 374. Demnächst wird das Verzeichnis der als Zeugen vorgeladenen Personen laut verlesen und überzeugt sich der Gerichtsvorsitzende davon, ob alle Geladenen vor Gericht erschienen sind und, wenn nicht alle, wer namentlich von ihnen nicht erschienen ist und dem Gerichtshofe bekannte gesetzliche Gründe hierfür hatte.

Art. 375. Sind nicht alle vorgeladenen Zeugen anwesend, so verfügt der Gerichtsvorsitzende nach Anhörung der Erklärungen der Sachbeteiligten darüber, ob die gerichtliche Verhandlung in Abwesenheit der nicht erschienenen Zeugen erfolgen kann, entweder dafs die Gerichtssitzung in der zur Beurteilung bestimmten Sache vertagt werde oder dafs die Sache verhandelt werden soll, wenn auch einige der Zeugen nicht erschienen sind, deren Aussagen das Gericht nicht für wichtig hält.

Art. 376. Falls die Sitzung wegen Nichterscheinens einiger Zeugen, deren Aussagen besondere Bedeutung für die Sache haben, vertagt wird, ordnet das Gericht entweder die nochmalige Ladung der nicht erschienenen Zeugen an oder aber die Vorführung derselben in vorgeschriebener Ordnung.

Art. 377. Als gesetzliche Gründe für Nichterscheinen von Zeugen vor Gericht gelten die im Art. 198 genannten Hindernisse. Aufserdem sind vom Erscheinen vor Gericht entbunden: 1. Zeugen, die in einem andern Gerichtskreis und überhaupt so fern wohnen, dafs ohne besondere Schwierigkeit ihnen das Erscheinen vor Gericht nicht möglich ist, 2. in aktivem Dienst stehende Militärpersonen, wenn ihre Vorgesetzten wegen kriegerischer Verhältnisse es nicht für möglich halten, ihnen die Entfernung vom Orte ihrer Dienstleistung zu gestatten.

In solchem Fall verschiebt das Gericht die Sache bis zu neuer Ladung der Zeugen oder ordnet ihre Vernehmung am Wohnorte durch Delegierung eines der Gerichtsmitglieder an.

Art. 378. Ein Zeuge, der ohne Angabe gesetzlicher Hinderungsgründe vor Gericht nicht erscheint, wird in eine Geldstrafe bis zu vierhundert Lew genommen und hat aufserdem die Kosten zu tragen, die für Ladung von Personen entstanden sind wegen Aussetzung der Verhandlung, die durch sein Ausbleiben verursacht wurde.

Art. 379. Erbringt ein Zeuge binnen zwei Wochen nach Mitteilung über die ihm auferlegte Geldstrafe den Nachweis gesetzlicher Gründe seines Nichterscheinens, so wird er von der Geldstrafe und Entrichtung der durch die Aussetzung der Sitzung veranlafsten Kosten befreit.

Art. 380. Nach Prüfung der Liste der Zeugen fordert der Gerichtsvorsitzende sie auf, sich in den für sie bestimmten Raum zu begeben und diesen nicht eher zu verlassen, als bis sie zur Vernehmung aufgerufen werden. Hierbei werden Mafsregeln ergriffen, dafs die Zeugen sich nicht untereinander besprechen.

Art. 381. In den zur Beurteilung der Kreisgerichte unter Mitwirkung von Gerichtsbeisitzern gehörigen Sachen schreitet der Gerichtsvorsitzende nach Vornahme der vorgängigen Formalitäten zur Ausloosung der gesetzlichen Zahl von Gerichtsbeisitzern aus der Zahl der geladenen und nicht abgelehnten, die dann der vorgeschriebenen Vereidigung unterzogen werden und sodann ihren Sitz in einer Reihe mit den Richtern, auf beiden Seiten gleich, einnehmen.

Bemerkung. Der Gerichtsvorsitzende zieht das Loos aus einer verdeckten Urne, die die Namen aller erschienenen und nicht abgelehnten Gerichtsbeisitzer enthält.

II. Ordnung der Durchführung der gerichtlichen Verhandlung.

Art. 382. Nach Erledigung aller die Eröffnung der Gerichtssitzung begleitenden Formalitäten wird die Anklageschrift oder die Privatanklage laut verlesen.

Art. 383. Danach stellt der Gerichtsvorsitzende in kurzen Worten die Natur der Anklage dar und frägt den Angeklagten, ob er sich schuldig bekenne.

Art. 384. Der Gerichtsvorsitzende legt weiter dem Angeklagten Fragen vor, die sich auf die Umstände des Verbrechens, dessen er angeklagt ist, und auf alle in der Gerichtssitzung vorliegende Beweise beziehen.

Art. 385. Gesteht der Angeklagte seine Schuld ein und läfst sein Geständnis keinen Zweifel, so kann das Gericht die gerichtliche Verhandlung als geschlossen erklären und zu den Schlufsdebatten übergehen.

Art. 386. Auch wo der Angeklagte ein Geständnis abgelegt hat, kann das Gericht nach seinem Befinden oder Verlangen der Sachbeteiligten die gerichtliche Erforschung der Verbrechensumstände vornehmen und solchenfalls Beweise prüfen und berichtigen.

Art. 387. Der Gerichtsvorsitzende, und mit seiner Genehmigung die Gerichtsmitglieder, können direkt, die Gerichtsbeisitzer aber durch den Vorsitzenden dem Angeklagten Fragen über alle Umstände der That, die ihnen ungenügend aufgeklärt scheinen, vorlegen.

Art. 388. Schweigen des Angeklagten darf nicht als Eingeständnis der Schuld aufgefafst werden.

Art. 389. Sind mehrere Personen angeklagt, so erfolgt die Vernehmung derselben einzeln entweder in Abwesenheit andrer Mitbeteiligten oder in deren Anwesenheit, je nach Ermessen des Gerichts.

Art. 390. Protokolle über Augenscheinseinnahme und Besichtigungen, Nachsuchungen und Wegnahmen werden in der Gerichtssitzung nur dann verlesen, wenn die Parteien es verlangen oder das Gericht dies für nötig hält.

Art. 391. Erachtet das Gericht auf Bemerkung der Parteien oder nach eigenem Befinden dafür, dafs das Augenscheinsprotokoll nicht die gesetzliche Glaubwürdigkeit oder gehörige Vollständigkeit hat und eine Berichtigung der Besichtigung möglich ist, so trägt es einem seiner Mitglieder oder dem Untersuchungsrichter die Vornahme einer neuen Besichtigung auf.

Art. 392. In aufserordentlichen Fällen, bei Ortsbesichtigung und allgemein bei unmittelbarer Prüfung eines Vorfalls, der in sich ein schweres Verbrechen befafst, begibt sich das Gericht in seiner gesetzlichen Zusammensetzung an den Ort des Verbrechens, wo auch die Gerichtssitzung in vorgeschriebener Ordnung eröffnet wird.

Art. 393. Zur Aufklärung von Besichtigungen oder Expertisen, die vom Untersuchungsrichter oder von Sachverständigen vorgenommen wurden, kann das Gericht zur Sitzung die Personen berufen, die jene vornahmen und von ihnen umständliche Erklärung ihrer Thätigkeit verlangen.

Art. 394. Sachverständige, welche gerichtlich-chemische oder mikroskopische Untersuchungen nicht am Orte der Gerichtsverhandlung vorgenommen haben, werden zur Erklärung vor Gericht nicht berufen, sondern durch Ortsärzte oder Apotheker ersetzt.

Art. 395. Auf Bemerkung der Sachbeteiligten oder nach eigenem Befinden kann das Gericht eine neue Besichtigung oder Expertise durch selbstgewählte oder von den Parteien vorgeschlagene Sachverständige anordnen, unter der Bedingung, dafs diese ihre Untersuchung, wenn möglich, in der Gerichtssitzung vornehmen oder wenigstens in der Sitzung einen umständlichen Bericht über das Ergebnis ihrer Besichtigung oder Expertise abgeben.

Art. 396. Die Sachverständigen können nicht aus den Sachbeteiligten oder aus den als Zeugen, Untersuchungsrichter oder Richter der Sache fungierenden Personen genommen werden.

Art. 397. Vor Abgabe ihrer Aussage werden die Sachverständigen in derselben Weise wie Zeugen vereidet, dafs sie rücksichtlich der ihrer Begutachtung unterbreiteten Gegenstände ihre Meinung gewissenhaft und nach bestem Vermögen abgeben wollen, ohne auch nur eine Frage unentschieden zu lassen, die für ihr Wissen und Experiment entscheidend sein kann.

Bis zur Erfüllung der Formalitäten der Vereidigung können die Parteien Sachverständige ablehnen, die nicht die für sie geforderten gesetzlichen Eigenschaften besitzen. Zugleich können sie wegen derselben Gründe wie Richter abgelehnt werden.

Art. 398. Nachdem die Sachverständigen ihr Gutachten abgegeben haben, können an sie mit Genehmigung des Gerichtsvorsitzenden von den Richtern, Beisitzern und Parteien Fragen gestellt werden.

Art. 399. Materielle Beweisstücke, die zur Entdeckung des Verbrechens oder zur Rechtfertigung des Angeklagten dienen können, müssen vor Gericht gebracht und den Richtern vorgelegt werden, soweit nicht deren Umfang oder Eigenschaft dies hindert.

Art. 400. Die materiellen Beweisstücke werden nach ihrer Besichtigung durch die Richter und Beisitzer dem Angeklagten und dem etwa anwesenden Verletzten vorgewiesen.

Art. 401. Besteht der Verdacht der Fälschung einer vom Zivilgericht noch nicht als falsch erkannten Urkunde, so leitet das Strafgericht das in der Zivilprozefsordnung vorgeschriebene Verfahren ein.

Art. 402. Die bei Eröffnung der Sitzung in einen besonderen Raum gewiesenen Zeugen werden einzeln in die Sitzung vorgerufen.

Art. 403. Zuerst wird der Verletzte vernommen, dann die vom Ankläger vorgeführten Zeugen, sodann die des Angeklagten. Diese Reihenfolge der Zeugenvernehmung kann geändert werden, wenn bei ihrer Befolgung sich Hindernisse einstellen oder nach Befinden des Gerichts in besonders beachtenswerten Fällen.

Art. 404. An jeden Zeugen werden vor Befragung über die Natur der Sache vorläufige Fragen behufs Feststellung seiner Persönlichkeit und seiner Beziehungen zu den Sachbeteiligten gestellt.

Art. 405. Nachdem der Zeuge die Vorfragen beantwortet hat, befragt der Gerichtsvorsitzende die Parteien, ob sie etwaige Einwendungen gegen die Zulassung des Zeugen zur Vernehmung haben.

Art. 406. Zum Zeugnis werden nicht zugelassen:

1. Blöd- und Wahnsinnige;
2. Geistliche rücksichtlich des ihnen bei der Beichte Anvertrauten, und
3. Verteidiger rücksichtlich des ihnen von dem Vollmachtgeber Anvertrauten.

Art. 407. Ehemann und Ehefrau des Angeklagten, Verwandte in gerader auf- und absteigender Linie, auch leibliche Brüder und Schwestern können sich der Zeugnisablegung weigern; wollen sie sich dieses Rechts nicht bedienen, so werden sie unvereidet vernommen.

Art. 408. Zu eidlichem Zeugnis werden nicht zugelassen 1. durch Urteil des geistlichen Gerichts Exkommunizierte, 2. Unmündige, die das sechzehnte Lebensjahr nicht erreicht haben, und 3. Geistesschwache, die die Heiligkeit des Eides nicht verstehen.

Art. 409. Falls von einer Partei Einwendungen erhoben werden, sind zu eidlichem Zeugnis nicht zuzulassen:

1. die durch das Verbrechen beeinträchtigte Person, wenn sie auch bei der Sache nicht beteiligt war, desgleichen ihr Ehegatte, ihre Verwandten in gerader Linie und ihre leiblichen Geschwister;
2. andre Seitenverwandte der beeinträchtigten Person, wie auch des Angeklagten im dritten und vierten Grade und Verschwägerte beider Parteien in den zwei ersten Graden;
3. diejenigen, die in besonderen Beziehungen zu den Sachbeteiligten stehen, wie Adoptierte oder Bevormundete, oder von denen einer die Geschäfte des andern führt, sowie auch solche, die mit einem der Sachbeteiligten vor Zivil- oder Strafgericht in Rechtsstreit stehen, bezüglich einer vor der That, für die sie als Zeugen berufen werden, vorgefallenen Sache oder nach Beendigung derselben, falls noch nicht sechs Monate verflossen sind, und
4. die wegen falschen Zeugnisses und wegen Meineids zu Zuchthaus von mehr als fünf Jahren Verurteilten.

Art. 410. Wer zur Vernehmung als Zeuge berufen ist, kann nicht in der gleichen Sache das Amt eines Staatsanwalts, Verteidigers des Angeklagten oder Bevollmächtigten des Privatanklägers oder Zivilklägers versehen.

Art. 411. Über die Gründe der Ablehnung von Zeugen stellt das Gericht keine Untersuchung an, beurteilt vielmehr die Triftigkeit oder Unhaltbarkeit nach den sich aus der Sache ergebenden Momenten, den von den Parteien gelieferten Beweisen und den Erklärungen der abgelehnten Personen. In zweifelhaften Fällen werden die abgelehnten Personen uneidlich vernommen.

Art. 412. Die Zeugen leisten den Eid in der Gerichtssitzung. Jeder wird nach dem Ritus seines Glaubensbekenntnisses vereidet.

Wer ohne gesetzlichen Grund sich weigert, Zeugnis abzulegen oder es zu beeiden, wird immer nach Art. 467 des Strafgesetzes vom Gericht endgiltig bestraft.

Die vom Gericht auferlegte Strafe kann aufgehoben werden, wenn der verurteilte Zeuge sich zur Zeugnisablegung oder Eidesleistung vor Schlufs der Gerichtssitzung versteht.

Art. 413. Von der Vereidigung sind befreit:

1. Welt- und Klostergeistliche aller christlichen Konfessionen und
2. Personen, die Konfessionen und Glaubensbekenntnissen angehören, die einen Eid nicht zulassen; statt des Eides geben solche das Versprechen ab, die reine Wahrheit nach bestem Gewissen auszusagen.

Art. 414. Zeugen rechtgläubiger Konfession werden nicht anders als durch einen Geistlichen vereidet, der ihnen die Heiligkeit des Eides vorstellt und folgende Eidesformel vorliest:

> „ich gelobe und schwöre zu Gott, dem Allmächtigen, vor Seinem heiligen Evangelium und vor dem Kreuze des Heilands, dafs ich mich weder durch Freundschaft noch Feindschaft, noch Verwandtschaft, noch die Hoffnung auf Vorteile oder durch irgend sonstige Rücksichten verlocken lassen, sondern nach meinem Gewissen in dieser Sache die reine Wahrheit aussagen und nichts mir Bekanntes verschweigen werde, stets dessen eingedenk, dafs ich über alles dies dereinst vor dem Gesetze und vor Gott am Tag des jüngsten Gerichts werde Rechenschaft zu geben haben. Zur Bestätigung dieses meines Eides küsse ich das Wort und das Kreuz meines Erlösers. Amen."

Jeder zur Eidesleistung Zugelassene küfst das Kreuz und das Evangelium und spricht laut: „ich schwöre".

Art. 415. Zeugen eines nicht rechtgläubigen Bekenntnisses werden durch einen Geistlichen ihrer Konfession nach dem Dogma und Ritus ihres Glaubens vereidet.

Art. 416. Stumme, die schreiben können, leisten den Eid durch Unterzeichnung der Formel; solche, die nicht schreiben können, durch Zeichen mit Hilfe eines Dolmetschers.

Art. 417. Ist am Orte der Gerichtssitzung kein Geistlicher der fremden Konfession, zu der der Zeuge gehört, vorhanden, so wird er vom Gerichtsvorsitzenden vereidet.

Art. 418. Vor jeder Vernehmung erinnert der Gerichtsvorsitzende den Zeugen an die Verantwortlichkeit für falsche Aussage und fordert ihn auf, vor Gericht nur die Wahrheit zu sagen.

Art. 419. Die Vernehmung beginnt damit, dafs der Zeuge aufgefordert wird, zu erzählen, was ihm von der Sache bekannt ist, ohne Umstände einzumengen, die sich nicht auf die Sache beziehen, und ohne Gerüchte zu wiederholen, deren Ursprung unbekannt ist.

Art. 420. Nachdem der Zeuge seine Aussage abgegeben, stellt der Gerichtsvorsitzende den Parteien anheim, an den Zeugen über alle Gegenstände, deren Erläuterung von ihnen für nötig erachtet wird, Fragen zu richten.

Art. 421. Fragen werden an den Zeugen zuerst von der Partei gerichtet, auf deren Antrag er vorgeladen ist, sodann von der Gegenpartei.

Art. 422. Jede Partei hat das Recht, an den Zeugen nicht nur darüber Fragen zu richten, was er gesehen oder gehört hat, sondern auch über solche Umstände, die beweisen, dafs er das von ihm Ausgesagte weder sehen noch hören konnte, oder doch wenigstens nicht so, wie er darüber aussagt.

Art. 423. Der Zeuge kann eine Antwort auf solche Fragen nicht verweigern, die die Aufdeckung von Widersprüchen in seiner Aussage oder die Nichtübereinstimmung derselben mit bekannten Umständen oder mit der Aussage andrer Zeugen bezwecken; dabei ist er nicht verpflichtet, Fragen zu beantworten, die ihn selbst eines Verbrechens überführen.

Art. 424. Jede Partei hat das Recht, dem Zeugen wiederholt Fragen zur Erläuterung der Antworten der Gegenpartei vorzulegen.

Art. 425. Ist durch die auf die Fragen der Parteien gegebenen Antworten der Inhalt der Aussage nicht völlig aufgeklärt, können der Gerichtsvorsitzende, die Gerichtsmitglieder und Beisitzer mit Genehmigung der ersteren dem Zeugen Ergänzungsfragen vorlegen.

Art. 426. Jedem Zeugen werden materielle und schriftliche Beweisstücke, die sich auf den Gegenstand seiner Aussage beziehen, vorgelegt, doch nur nachdem er vorgängig über ihre Unterscheidungsmerkmale und -Zeichen, nach denen er sie wiedererkennen kann, befragt ist.

Art. 427. Jeder Zeuge kann von neuem in Gegenwart andrer Zeugen verhört oder konfrontiert werden.

Art. 428. Die vernommenen Zeugen dürfen sich bis zum Schlufs der gerichtlichen Verhandlung nicht ohne Genehmigung des Gerichtsvorsitzenden aus der Gerichtssitzung entfernen.

Art. 429. Der Gerichtsvorsitzende gestattet Zeugen, sich aus dem Gericht zu entfernen nur, nachdem er ihr Gesuch den Parteien eröffnet hat, denen solchenfalls nicht verwehrt ist, zu bitten, dafs denselben noch einige Fragen vorgelegt werden.

Art. 430. Mufs der Angeklagte aus der Sitzung entfernt werden, so lange jemand vernommen wird oder weil er tobt oder lärmt, so ist nach seiner Rückkehr in den Sitzungssaal der Gerichtsvorsitzende verpflichtet, ihm genau alles mitzuteilen, was in seiner Abwesenheit vor sich ging.

Art. 431. Übersetzer und Dolmetscher, die zur gerichtlichen Verhandlung zugezogen werden, leisten in gleicher Weise wie Zeugen den Eid, dafs sie getreu die durch sie gestellten Fragen und die Antworten wiedergeben werden. Bis zur Vereidigung können Übersetzer und Dolmetscher von den Parteien abgelehnt werden. Über diese Ablehnung entscheidet das Gericht.

Art. 432. Ist der Angeklagte stumm, aber schreibkundig, so werden seine Aussagen und Aufklärungen schriftlich abgegeben; ist er taub und schreibkundig, so werden ihm die Fragen schriftlich gestellt. In beiden Fällen wird das Niedergeschriebene verlesen.

Art. 433. Nach Beurteilung und Prüfung aller in der Gerichtssitzung gesammelten Beweise der Sache hat keine Partei das Recht, neue Beweise vorzulegen; hält sie aber für nötig, einen neu aufgefundenen Beweis vorzubringen, so macht sie hiervon dem Gericht Mitteilung.

Art. 434. Rücksichtlich eines von irgend welcher Partei vorgebrachten neu aufgefundenen Beweises hat das Gericht der Gegenpartei die Möglichkeit zu bieten, sich auf die Diskussion vorzubereiten. In diesem Fall hängt es vom Gericht ab, gemäfs Art. 372 den Schlufs des gerichtlichen Verfahrens zu vertagen.

VII. Kapitel.

Schlufsdebatten.

Art. 435. Das gerichtliche Verfahren endet mit den Debatten der Sachbeteiligten über die Natur der beurteilten und geprüften Beweise.

Art. 436. Diese Debatten bestehen 1. aus der Anklagerede des Staatsanwalts oder des Privatanklägers, 2. aus Erklärungen des Zivilklägers in der Sache und 3. aus der Verteidigungsrede des Verteidigers oder Erklärungen des Angeklagten selbst.

Art. 437. Der Staatsanwalt setzt in seiner Anklagerede die wesentlichen Thatumstände der Anschuldigung in der Gestalt auseinander, in der sie sich aus der gerichtlichen Verhandlung ergeben, und seine Schlufsfolgerung über Art und Grad der Schuld des Angeklagten.

Art. 438. In Sachen, die ohne Mitwirkung von Gerichtsbeisitzern entschieden werden, äufsert sich der Staatsanwalt in seiner Rede nicht nur über die Schuld des Angeklagten, sondern auch über die Strafe, der er nach Gesetz unterliegt.

Art. 439. Der Staatsanwalt darf in seiner Rede die Sache nicht einseitig darstellen, indem er derselben nur die gegen den Angeklagten sprechenden Umstände entnimmt, noch die Bedeutung der in der Sache vorliegenden Beweise und Indizien oder die Schwere des Verbrechens übertreiben, das den Gegenstand der Beurteilung bildet.

Art. 440. Hat sich der Staatsanwalt aus der geführten gerichtlichen Verhandlung von der Unschuld des Angeklagten überzeugt, so ist er verpflichtet, ohne Aufrechthaltung der durch die gerichtliche Verhandlung widerlegten Anklage, dies nach bestem Gewissen dem Gericht zu eröffnen.

Art. 441. In Sachen, die durch Rückzug der Klage des Privatanklägers beendet werden können, gibt der Privatankläger, wenn er es für nötig erachtet, dem Gericht Erklärungen ab, wie sie gesetzlich dem Staatsanwalt obliegen.

In solchen Fällen äufsert sich der Staatsanwalt nur über Anwendung des Gesetzes.

Art. 442. Der Zivilkläger kann alle Wirkungen und Umstände erläutern und beweisen, von deren Anerkennung und Feststellung seine Forderungen abhängen, hat aber nicht das Recht, sich über die strafrechtliche Verantwortlichkeit des Angeklagten zu äufsern.

Art. 443. In Sachen, die unter Mitwirkung von Gerichtsbeisitzern beurteilt werden, gibt der Zivilkläger seine Erklärung über die Höhe seiner Zivilforderung ab, nachdem sich das Gericht samt den Gerichtsbeisitzern über die Frage der Schuld des Angeklagten ausgesprochen.

Art. 444. Der Verteidiger des Angeklagten stellt in seiner Verteidigungsrede alle Umstände und Beweise dar, durch welche die gegen den Angeklagten vorgebrachte Anschuldigung widerlegt oder geschwächt wird.

Der Verteidiger darf sich aber nicht über Verhältnisse äufsern, die keinerlei Beziehung zur Sache haben, noch sich erlauben, die gebührende Achtung vor Religion, Gesetz und bestehenden Obrigkeiten zu verletzen, noch gegen irgend jemanden ehrverletzende Äufserungen gebrauchen.

Dies gilt auch von Angeklagten, die sich selbst verteidigen.

Art. 445. In Sachen, die unter Mitwirkung von Gerichtsbeisitzern beurteilt werden, darf der Verteidiger des Angeklagten in den Debatten, die der Entscheidung der Frage der Schuld des Angeklagten vorangehen, nicht über die dem Angeklagten drohende Strafe sprechen, hat sich vielmehr auf Bestimmung der gesetzlichen Eigenschaft des in Rede stehenden Verbrechens und Darlegung der Umstände zu beschränken, die die Schuld des Angeklagten, falls er verurteilt würde, mildern.

Art. 446. Nach der Verteidigungsrede des Angeklagten oder seines Verteidigers können der Staatsanwalt wie der Privatankläger und Zivilkläger erwidern; jedenfalls hat aber der Angeklagte oder sein Verteidiger das Recht des letzten Wortes.

Art. 447. Nach den Schlufserklärungen des Verteidigers in Sachen, die durch Rückzug der Klage des Privatanklägers beendet werden können, sucht der Gerichtsvorsitzende die Parteien zu versöhnen. Kommt eine Versöhnung nicht zu stande oder ist eine Versöhnung wegen der Art des Verbrechens nicht zulässig, so befragt er den Angeklagten, ob er noch etwas zu seiner Verteidigung vorzubringen hat und erklärt verneinendenfalls die Debatten der Parteien für geschlossen.

VIII. Kapitel.

Feststellung der Urteile.

Art. 448. Nach Beendigung der gerichtlichen Verhandlung und Schlufs der Debatten, schreitet das Gericht zu Beratung und Stellung der zu entscheidenden Fragen.

Art. 449. Als Grundlage der Fragen über die Natur der That sollen nicht nur die Behauptungen der Anklageschrift dienen, sondern auch die gerichtliche Verhandlung selbst und die Schlufsdebatten, insofern sie jene Behauptungen entwickeln, ergänzen oder ändern.

Art. 450. Werden in der gerichtlichen Verhandlung Umstände aufgedeckt, welche den in der Anklageschrift bestimmten Charakter der strafbaren Handlung ändern, so stellt das Gericht die Frage der Schuld fest und entscheidet darüber, wenn die Umstände ein geringeres Verbrechen ergeben; wenn sie dagegen ein schwereres ergeben, kann das Gericht entweder die Vornahme einer Ergänzungsuntersuchung anordnen oder die Sache nach seinem Befinden oder auf Antrag der Parteien vertagen, um ihnen die Möglichkeit zu gewähren, die Anschuldigung oder Verteidigung zu widerlegen.

Art. 451. Wird in der gerichtlichen Verhandlung eine andre strafbare Handlung, als die in der Anklageschrift vorgesehene, entdeckt, so kann das Gericht auf der Stelle beide aburteilen, wenn der Staatsanwalt dies verlangt und der Angeklagte einwilligt. Dies gilt nicht, wenn der Angeklagte mit sofortiger Entscheidung der Sachen nicht einverstanden ist, oder wenn für das neue Verbrechen gesetzlich Zuchthaus über fünf Jahre gedroht ist, oder das Gericht für das neue Verbrechen nicht zuständig ist.

Art. 452. Das Gericht stellt die Schuldfragen und entscheidet sie, auch wenn die im gerichtlichen Verfahren aufgedeckten Umstände das in der Anklageschrift behandelte Verbrechen zu einer strafbaren Handlung ändern, für die eine niedere Gerichtsbarkeit zuständig wäre.

Art. 453. Die Frage darüber, ob wirklich das Verbrechen begangen wurde, ob es die That des Angeklagten und ihm zur Last zu legen ist, wird zur Gesamtfrage der Schuldbarkeit des Angeklagten zusammengezogen, wenn von keiner Seite Zweifel daran besteht, dafs es von ihm verübt ist, noch darüber, dafs es ihm zur Schuld zuzurechnen ist, wenn es als von ihm verübt erachtet wird. Im Fall irgend welchen Zweifels rücksichtlich einer dieser Fragen müssen die Fragen getrennt gestellt werden.

Art. 454. Nach der Frage, ob der Angeklagte der den Gegenstand der Anschuldigung bildenden strafbaren Handlung schuldig ist, werden besondere Fragen rücksichtlich Schulderhöhungs- oder Minderungsgründen gestellt.

Art. 455. Keinesfalls dürfen Fragen verbunden werden, von denen die eine bejahend, die andre verneinend beantwortet werden kann.

Art. 456. Wird der Angeklagte mehrerer Verbrechen angeschuldigt oder haben mehrere Personen teilgenommen, so wird für jedes Verbrechen oder jeden Teilnehmer eine besondere Frage gestellt.

Art. 457. Bei Angeklagten, die zur Zeit des Verbrechens noch nicht siebzehn Jahre alt waren, wird eine Frage gestellt, ob sie mit vollem Verständnis gehandelt haben.

Art. 458. Die Schuldfrage mufs nicht nur die gesetzliche Bestimmung der strafbaren Handlung, sondern auch die wesentlichen faktischen Anzeichen der dem Angeklagten zur Last gelegten strafbaren Handlung enthalten.

Art. 459. Die Fragen rücksichtlich Bestrafung des Angeklagten und andrer gesetzlicher Folgen des Verbrechens werden in Sachen, die ohne Mitwirkung von Gerichtsbeisitzern entschieden werden, zusammen mit der Schuldfrage, in Sachen dagegen, die mit Gerichtsbeisitzern entschieden werden, nach Entscheidung der Schuldfrage seitens derselben und Anhörung der Erklärungen der Parteien über diejenigen Momente gestellt, die der Kompetenz der Gerichtsbeisitzer entzogen sind.

Art. 460. Das Gericht darf dem Angeklagten Stellung einer Frage über einen der Gründe, aus denen entweder die That nicht zur Schuld zugerechnet oder die Strafe gemindert oder ganz aufgehoben wird, nicht verweigern, wenn der Grund zu den im Gesetz ausdrücklich bezeichneten gehört.

Art. 461. Bei Feststellung und Beantwortung der Thatfragen dürfen weder der Staatsanwalt noch die Sachbeteiligten in dem Beratungszimmer anwesend sein.

Art. 462. Nach vorgängiger Beratung sammelt der Gerichtsvorsitzende über jede Frage die Stimmen der anwesenden Richter, indem er mit dem jüngsten beginnt und zuletzt seine eigene Meinung verlautbart. Nach Sammlung der Stimmen über alle Fragen verkündet der Gerichtsvorsitzende die bejahenden und die verneinenden Antworten und macht auf dem Fragebogen schriftliche Bemerkungen, wie jede Frage entschieden worden ist.

Art. 463. Bei Teilung der Stimmen in zwei Meinungen wird der Entscheidung jene Meinung zu Grunde gelegt, die die meisten Stimmen für sich hat; bei Gleichheit der Stimmen gibt die dem Angeklagten günstigste den Ausschlag.

Ergeben sich mehr als zwei Meinungen und ist weder Mehrheit noch Gleichheit der Stimmen zu erzielen, dann äufsern die Richter, die der Meinung zugehören, die für sich die höchste Zahl von Stimmen vereint, welche der von der Minderheit angenommenen Meinungen jeder einzelne von ihnen für die mildere erachtet, und werden sodann ihre Stimmen mit der einen der Meinungen, die von der Minderheit angenommen sind, verbunden.

Art. 464. Das Gericht hat sich nach den im vorstehenden Artikel gegebenen Vorschriften sowohl bei Entscheidung jeder einzelnen Frage, als auch bei der Schlufsfolgerung bei Schlufs der Sache zu richten.

Art. 465. Das Gericht fafst das Urteil:

1. entweder auf Freisprechung des Angeklagten, wenn die That, deren er angeschuldigt ist, als nicht erwiesen, der Zurechnung wegen gesetzlicher Gründe nicht unterliegend oder wenn der Vorfall, mag er sich auch ereignet haben, doch nicht als That des Angeklagten erachtet wird;
2. oder auf Freilassung des Angeklagten, wenn die strafbare Handlung durch einen gesetzlichen Einstellungsgrund gedeckt ist;
3. oder endlich auf Bestrafung des Angeklagten, wenn er einer strafbaren Handlung überführt ist, die ihm zur Schuld zugerechnet wird und von deren Verantwortung er nicht befreit werden kann.

Art. 466. In aufserordentlichen Fällen, wo besondere Rücksichten für Milderung des Schicksals des Angeklagten vorliegen, ist es dem Gericht gestattet, bei seiner königlichen Hoheit dem Fürsten durch den Justizminister um Strafmilderung in einem die Grenzen der richterlichen Gewalt übersteigenden Mafse oder selbst um Begnadigung des Verurteilten einzukommen, der durch unglückliches Zusammentreffen von Umständen zum Verbrecher geworden ist.

Art. 467. Aufser Entscheidung der Schuld- und Straffrage erkennt das Gericht auch über die andern Folgen des Verbrechens und des gerichtlichen Verfahrens und zwar:

1. über die durch die strafbare Handlung entzogenen Sachen;
2. über Ersatz des der einen oder andern Partei verursachten Schadens, und
3. über Zahlung der Gerichtskosten.

Art. 468. Die durch die strafbare Handlung entzogenen Sachen werden ihrem Eigentümer zurückerstattet, mag dieser auch keine Klage erhoben haben; doch werden Sachen, die als wesentliche Beweise dienen und für die That wesentliche Bedeutung haben, zurückbehalten, bis das Urteil in Rechtskraft erwächst.

Bemerkung. Rücksichtlich der durch die strafbare Handlung entzogenen Sachen wird, wenn deren Eigentümer unbekannt ist, eine Veröffentlichung im Staatsanzeiger angeordnet. Macht niemand binnen sechs Monaten nach Veröffentlichung Anrechte auf sie geltend, so werden sie zu öffentlicher Versteigerung gebracht und der Ertrag fliefst in die Staatskasse, wo er während drei Jahren aufbewahrt wird, nach deren Verflufs aber zu Nutzen des Staates verwendet.

Art. 469. Erhebt ein Dritter auf solche durch eine strafbare Handlung entzogenen Sachen Ansprüche, so stellt das Gericht den Parteien anheim, sich mit ihren Ansprüchen an das Zivilgericht zu wenden.

Art. 470. Das Gericht bestimmt den Ersatz der durch die strafbare Handlung verursachten Schäden und Verluste auf Grund der bestehenden Straf- und Zivilgesetze.

Art. 471. Ein Freigesprochener kann Ersatz für Schäden und Verluste fordern, die ihm durch unbegründete Stellung vor Gericht verursacht sind.

Art. 472. Ein Freigesprochener kann von einer Person, die eine gerichtliche Verfolgung wegen eigenen erlittenen Schadens und Verlustes angestrengt hat, wie auch von demjenigen, der durch das dem Angeklagten zur Last gelegte Verbrechen nicht verletzt wurde, nur dann Ersatz verlangen, wenn das freisprechende Gericht erkannt hat, dafs diese Person gewissenlos gehandelt hat, indem sie die Thatumstände entstellte, falsche Angaben machte oder andre dazu verleitete oder sonstiger ungesetzlicher oder tadelnswerter Mittel sich bediente.

Art. 473. Ein Freigesprochener behält das Recht, auch von Beamten, darunter Untersuchungsrichter und Staatsanwalt, Schadensersatz zu fordern, wenn er beweisen kann, dafs sie gewaltthätig, parteiisch, ohne gesetzlichen Grund oder Anlafs oder überhaupt gewissenlos handelten.

Art. 474. Die vorstehend bezeichneten Klagen werden in der Form angebracht und verhandelt, die in der Zivilprozefsordnung für die Forderung des Ersatzes von Schäden und Verlusten bestimmt ist, die durch Handlungen von Beamten verursacht sind.

Art. 475. Das Gericht unterläſst die Urteilsfällung nicht, falls es sich als notwendig erweist, ergänzende Auskunft einzuziehen oder genaue Berechnung des Maſses des Ersatzes anzustellen, den die eine Partei fordert, vertagt vielmehr die Entscheidung dieser Frage, indem es die Ausführung einem seiner Mitglieder im Beisein der Parteien überträgt.

Art. 476. Der Gerichtsvorsitzende, oder in seinem Auftrag ein Gerichtsmitglied, setzt schriftlich das Wesentliche des Urteils in einem Beschluſs auf, der von allen Mitgliedern des Gerichts unterschrieben wird, die an der Beurteilung und Entscheidung der Sache teilnahmen.

Art. 477. Schriftliche Erklärung besonderer bei der Beschluſsfassung geäuſserter Meinungen ist nur so lange zulässig, als das Urteil noch nicht unterschrieben ist.

Art. 478. In dem Gerichtsbeschluſs ist anzugeben:

1. Jahr, Monat und Tag, wann die Gerichtssitzung in der Sache stattfand;
2. das Gerichtspersonal;
3. Beruf, Namen, Vornamen und Beinamen wie Alter des Angeklagten und, sind mehrere angeklagt, gesondert für jeden einzelnen;
4. wesentlicher Inhalt des Urteils.

Art. 479. Gleich nach Unterzeichnung des Beschlusses kehren die Richter in den Sitzungssaal zurück und der Gerichtsvorsitzende verkündet denselben laut durch Verlesung.

Art. 480. Bei Eintritt der Richter erheben sich alle im Sitzungssaale befindlichen Personen von ihren Sitzen und hören stehend den Beschluſs an.

Art. 481. Fordert eine Sache fortgesetzte Beratung, so ist Verschiebung der Beschluſsfassung auf den folgenden Tag zulässig, was der Gerichtsvorsitzende laut verkündet.

Art. 482. Gleichzeitig mit Verkündung des Beschlusses bestimmt der Gerichtsvorsitzende Tag und Stunde, wann das Urteil in endgiltiger Form verlesen werden wird, und fordert die Sachbeteiligten auf, zu dieser Zeit vor Gericht zu erscheinen.

Art. 483. Das ausführliche Urteil muſs durch den Gerichtsvorsitzenden oder auf seine Anordnung von einem der Gerichtsmitglieder binnen spätestens zwei Wochen nach Verkündung des Beschlusses (Art. 479) aufgesetzt werden.

Art. 484. Abschriften des Urteils werden dem Angeklagten unentgeltlich, andern Sachbeteiligten auf Wunsch gegen die bestimmte Taxe erteilt.

Art. 485. Das Urteil wird in jeder Sache besonders ausgearbeitet. Es wird in vorgeschriebener Form abgefaſst und im Namen des Fürsten erlassen.

Art. 486. In dem Urteil werden aufser dem Beschluss angegeben:

1. die Anklagepunkte, die in der Anklageschrift oder in der Klage der verletzten und beschädigten Privatpersonen oder in den Schlufsdebatten der gerichtlichen Verhandlung ausgeführt sind;
2. das Verhältnis der Anklage sowohl zu den in der Sache vorgebrachten Beweisen und Indizien als auch zu den Gesetzen;
3. die ausführliche Darlegung des wesentlichen Inhalts des Urteils gemäfs Geist und Wortlaut des Gesetzes.

Art. 487. Wird vom Gericht beschlossen, beim Fürsten um Strafmilderung für den Verurteilten in einem die Kompetenz des Gerichts überschreitenden Mafse einzukommen, so werden in dem Urteil die für Milderung des Schicksals des Verurteilten sprechenden Rücksichten und die Ansicht des Gerichts über das Mafs der beantragten Strafmilderung angeführt.

Art. 488. Das Urteil wird von allen Richtern, die an der Entscheidung der Sache teilgenommen haben, unterzeichnet und vom Sekretär gegengezeichnet.

Art. 489. Nichtunterzeichnung eines Urteils seitens eines oder zwei Richtern wegen Abwesenheit, Krankheit oder sonstigen Grundes hemmt den weiteren Fortgang der Sache nicht.

IX. Kapitel.

Feststellung der Urteile bei Mitwirkung von Gerichtsbeisitzern.

Art. 490. In Sachen, die unter Mitwirkung von Gerichtsbeisitzern entschieden werden, ziehen sich zur Entscheidung der Schuldfrage und andrer faktischer Momente der That der Gerichtsvorsitzende nebst den Richtern und den Gerichtsbeisitzern in ein besonderes Zimmer zurück und begeben sich nach Entscheidung aller Fragen die Richter in den Sitzungssaal, wo der Vorsitzende die festgestellten Antworten verkündet.

Art. 491. Ist der Angeklagte auf dem Fragebogen für schuldig erklärt, so veranlafst der Gerichtsvorsitzende den Staatsanwalt oder Privatankläger, seinen Schlufsantrag betreffs Bestrafung und andrer Folgen der Schuld des Angeklagten zu stellen.

Art. 492. Danach fordert der Vorsitzende den Zivilkläger auf, seine Rechte auf Zusprechung der geforderten Entschädigung und ihre Höhe auseinander zu setzen, den Angeklagten aber oder seinen Verteidiger zu Erklärungen, falls sie es wünschen, zur Widerlegung der vom Staatsanwalt und Zivilkläger gestellten Anträge.

Art. 493. Der Angeklagte und sein Verteidiger haben nicht das Recht, die Glaubwürdigkeit der von den Richtern und Gerichtsbeisitzern anerkannten Handlungen zu bestreiten, können vielmehr nur darlegen, dafs diese Handlungen vom Gesetz nicht getroffen sind oder dafs das Gesetz auf sie nicht Anwendung leidet wegen Verjährung, Amnestie oder sonstiger Gründe oder dafs die vom Zivilkläger beanspruchte Entschädigung ungesetzlich oder zu hoch ist.

Art. 494. Der Angeklagte und sein Verteidiger können das Gericht um Milderung der vom Staatsanwalt oder Privatankläger beantragten Strafe bitten.

Art. 495. Nach Beendigung dieser Debatten ziehen sich der Vorsitzende und die Richter, nicht aber die Gerichtsbeisitzer, nochmals zur Beratung der Fragestellung und des Beschlusses in der im vorigen Kapitel bestimmten Ordnung zurück.

X. Kapitel.

Verkündung der Urteile.

Art. 496. Zur festgestellten Zeit wird das Urteil vom Vorsitzenden oder einem Gerichtsmitglied in Gegenwart des Staatsanwalts oder seines Gehilfen und des Sekretärs oder Untersekretärs verkündet. Zu diesem Termin wird der verhaftete Angeklagte vor Gericht geführt.

Art. 497. Die Urteilsverkündung geschieht durch öffentliche Verlesung und Erteilung von Abschriften daraus an Beteiligte, die dies wünschen.

Art. 498. Nach Verlesung des Urteils eröffnet das anwesende Gerichtsmitglied den Sachbeteiligten, in welcher Frist und wie sie gegen das vernommene Urteil vor höherem Gericht Beschwerde einlegen können.

Art. 499. Nach Erfüllung oberwähnter Formalitäten gilt das erlassene Urteil allen Sachbeteiligten, sowohl den persönlich anwesenden wie den abwesenden, verkündet, und wird die Frist zur Beschwerde gegen das Urteil vom Tage der Verkündung gerechnet.

Art. 500. Der Gerichtsvorsitzende oder das Mitglied, das das Urteil verkündet hat, macht über Zeit und Form der Urteilsverkündung Vermerk.

XI. Kapitel.

Protokolle der Gerichtssitzungen.

Art. 501. Über jede in der Gerichtssitzung verhandelte Sache wird vom Sekretär oder seinem Gehilfen ein besonderes Protokoll aufgenommen.

Art. 502. Im Gerichtssitzungsprotokoll werden verzeichnet:

1. die Zeit und der Ort der Sitzung mit Angabe, wann sie eröffnet und geschlossen wurde;
2. die Namen der Richter, Beisitzer, des Staatsanwalts und Sekretärs, die der Gerichtssitzung beiwohnten;

3. der Gegenstand der in der Sitzung behandelten Sache;
4. die Sachbeteiligten, namentlich die Angeklagten mit ihren Verteidigern, die Zivilkläger oder Privatankläger mit ihren Bevollmächtigten oder Vertretern;
5. die Zeugen, die in der Sitzung vernommen wurden, und die Sachverständigen, die ihre Erklärungen abgegeben haben;
6. alle während der Sitzung vorgenommenen Handlungen, in der Reihenfolge ihrer Vornahme;
7. die Bemerkungen und Entgegnungen betreffs der Ordnung einer jeden Handlung, mit kurzer Angabe der Verfügungen, die vom Gerichte in diesen Punkten getroffen wurden.

Art. 503. Das Gerichtssitzungsprotokoll mufs so abgefafst sein, dafs daraus der ganze Gang der Sache vor Gericht zu ersehen ist und man sich überzeugen kann, dafs dabei die Regeln beobachtet sind, deren Verletzung Anlafs zur Aufhebung des Urteils bieten kann.

Sodann werden im Gerichtssitzungsprotokoll einer ohne Mitwirkung von Gerichtsbeisitzern verhandelten Sache eingehend und genau die Aussagen der Zeugen und andrer in der Sache vernommener Personen aufgezeichnet.

Art. 504. Das Gerichtssitzungsprotokoll wird von den Richtern unterzeichnet und vom Sekretär gegengezeichnet.

Art. 505. Das Gerichtssitzungsprotokoll mufs ohne Rasur niedergeschrieben werden. Berichtigungen und Zusätze zu demselben werden vor der Unterschrift der Richter erwähnt.

Art. 506. Bei der Verkündung des Urteils wird das Gerichtssitzungsprotokoll den Sachbeteiligten zur Durchsicht vorgelegt, Schreibunkundigen unter ihnen auf Wunsch vorgelesen. Bemerkungen darüber, dafs die Darstellung der vom Gericht vorgenommenen Handlung oder einer abgegebenen Erklärung nicht ganz genau ist, erwähnt der Sekretär oder sein Gehilfe im Protokoll nach der Unterschrift der Richter.

Art. 507. Nach Prüfung dieser Bemerkungen spricht das Gericht über diese seine Meinung aus, die von den Richtern unterzeichnet und vom Sekretär gegengezeichnet wird.

Art. 508. Formen und Formalien des gerichtlichen Verfahrens, über deren Beobachtung im Protokoll keine Bestätigung vorhanden ist, gelten als verletzt.

XII. Kapitel.

Sachen, in denen die Angeschuldigten sich dem Gericht entzogen haben.

Art. 509. Wird der Aufenthaltsort eines Angeklagten nicht gefunden oder ist der Angeklagte flüchtig geworden, so trifft das Gericht auf Vorstellung des Untersuchungsrichters, auf Antrag des

Staatsanwalts oder nach eigenem Befinden, unter Erwägung, in welcher Lage der Sache der Angeklagte flüchtig geworden, Anordnung über seine Auffindung durch Bekanntmachung im Staatsanzeiger und einem der etwa bestehenden Ortsblätter.

Art. 510. In der Fahndungsbekanntmachung sind zu bezeichnen:

1. das Gericht, auf dessen Verlangen die Bekanntmachung erfolgt;
2. Namen, Vornamen oder Beinamen und Kennzeichen der gesuchten Person, und
3. das Verbrechen, dessen sie angeschuldigt ist.

Zugleich wird angezeigt, dafs jeder, dem der Aufenthaltsort des Angeschuldigten bekannt ist, verpflichtet ist, der Behörde anzuzeigen, wo er sich befindet.

Art. 511. Bekanntmachungen betreffs Fahndung nach einem eines Verbrechens Angeschuldigten erfolgen in Städten auf Marktplätzen, in Dörfern an den Versammlungsorten und werden an den Thüren der Polizeiverwaltungen und der Gerichte angeschlagen, zu deren Sprengel die Angeschuldigten gehören.

Art. 512. Liegt Grund zur Annahme vor, dafs der Angsechuldigte sich im Auslande befindet, so erfolgt seine Ladung vor Gericht durch Bekanntmachung in Zeitungen, die in fremder Sprache erscheinen und, falls die Regierung des Staates, in dem er sich aufhält, zur Auslieferung von Verbrechern verpflichtet ist, zugleich durch Auslieferungsbegehren.

Art. 513. Gleichzeitig mit Ergreifung von Mafsregeln zur Auffindung eines Angeschuldigten trifft das Gericht die Anordnung, dafs sein Vermögen mit Beschlag belegt wird.

Art. 514. Erscheint der Angeschuldigte nicht binnen sechs Monaten seit Bekanntmachung der Fahndung und wird er nicht aufgefunden, so vertagt das Gericht die Sache bis zu seinem Erscheinen oder seiner Anhaltung und ordnet an, dafs mit seinem Vermögen nach den Regeln verfahren werde, die für unbekannt Abwesende gelten.

Art. 515. Die Forderung von Ersatz, Schaden und Verlust zufolge der strafbaren Handlung wird im Falle der Flucht des Angeschuldigten nicht festgestellt, kann aber geprüft werden, wenn der Zivilkläger sich auf den im Art. 12 dieses Gesetzes angeführten Grund stützt.

Ein flüchtig gewesener Angeklagter kann im Zivilwege die dem Zivilkläger gerichtlich zuerkannten Schadens- und Verlustbeträge nur dann zurückfordern, wenn das Strafgericht nach seinem Erscheinen oder seiner Vorführung vor Gericht ihn freigesprochen hat, weil er nicht Thäter der strafbaren Handlung war.

Viertes Buch.

Beschwerdeführung gegen Urteile der allgemeinen Gerichtsbehörden.

I. Kapitel.

Rechtsmittel gegen Urteile.

Art. 516. Gegen alle von den Kreisgerichten ohne Mitwirkung von Gerichtsbeisitzern erlassenen Urteile, ebenso wie gegen die unter solcher Zuziehung mit Stimmenmehrheit rücksichtlich der Schuldfrage erlassenen sind Berufung seitens des Angeklagten, Privatanklägers und Zivilklägers, wie auch Proteste der staatsanwaltlichen Beamten zulässig.

Art. 517. Urteile in Sachen, die von den Kreisgerichten unter Mitwirkung von Gerichtsbeisitzern bei einstimmiger Beantwortung der Schuldfrage erlassen wurden, ebenso wie Appellationsgerichtsurteile sind endgiltig.

Art. 518. Endgiltige Urteile können im Kassationswege auf Antrag der Sachbeteiligten wie auf Protest der Staatsanwaltschaft aufgehoben werden.

II. Kapitel.

Berufung und Protest gegen nicht endgiltige Urteile.

Art. 519. Der Angeklagte hat das Recht, Berufung gegen ein nicht endgiltiges Urteil in allen ihn betreffenden Punkten und über jede Ungehörigkeit bei der Sachverhandlung oder Fällung des Urteils einzulegen.

Art. 520. Das gleiche Recht auf Berufung, wie der Angeklagte, hat auch der Privatankläger, doch kann er nicht mehr verlangen, als er in erster Instanz erbeten hat.

Art. 521. Die Staatsanwälte können Berufungsproteste nur gegen solche nicht endgiltige Urteile einlegen, die mit den von ihnen gestellten Anträgen nicht übereinstimmen und rücksichtlich solcher Punkte, bei denen ihr Verlangen von dem Gerichte erster Instanz nicht berücksichtigt wurde.

Art. 522. Der Zivilkläger hat das Recht, Berufung nur gegen die Teile eines nicht endgiltigen Urteils einzulegen, die sich auf Ersatz von Schaden und Verlust beziehen, gegen andre nur soweit, als durch dieselben sein Recht auf Ersatz verletzt wird.

Des Rechtes des Zivilklägers auf Berufung geniefst auch, wer zur Bezahlung der durch die strafbare Handlung verursachten Schäden und Verluste verurteilt ist.

Art. 523. Für Minderjährige und überhaupt für Personen, die aufser Stande sind, von ihren Rechten Gebrauch zu machen, können

Berufungen von ihren Eltern, Ehegatten, Verwandten oder denen eingelegt werden, die sich mit ihrer Erziehung befassen.

Art. 524. Berufungen werden schriftlich oder mündlich, persönlich oder durch dazu Bevollmächtigte und Verteidiger eingelegt.

Art. 525. In der Berufung ist anzugeben, von wem sie eingelegt wird und wo der Beschwerdeführer seinen Wohnsitz hat, ob sie sich gegen das ganze Urteil oder nur gegen bestimmte Teile richtet, wodurch das Urteil widerlegt wird und worauf der die Berufung Einlegende namentlich anträgt.

Art. 526. Mündlich eingelegte Berufungen werden im Protokoll niedergeschrieben, das die im vorigen Artikel vorgesehenen Erklärungen enthalten mufs.

Art. 527. Berufungen und Proteste müssen bei dem Gericht eingelegt werden, das das Urteil gefällt hat und zwar spätestens zwei Wochen nach Verkündung des Urteils in endgiltiger Form.

Art. 528. Die Frist beginnt mit dem Tage, an dem das Urteil in endgiltiger Form erlassen ist und endet mit dem entsprechenden Tag der zweiten sieben Tage. Fällt der letzte Tag auf einen Tag, an dem keine Gerichtssitzung gehalten wird, so gilt als Ende der Frist der erste darauf folgende Sitzungstag.

Art. 529. Die Frist gilt nicht als versäumt, wenn vor Ablauf derselben das Berufungsschreiben zur Post gegeben ist.

Art. 530. Ist die Frist wegen triftiger Gründe nicht eingehalten, so hängt die Wiedereinsetzung von dem Gerichte ab, gegen dessen Urteil die Berufung nach den Vorschriften der Zivilprozefsordnung (Art. 751—754) eingelegt ist.

Art. 531. Dem Angeklagten wird unverzüglich von jeder in seiner Sache eingelegten Berufung oder Protestierung Mitteilung gemacht.

Art. 532. Die Sachbeteiligten können die Akten in der in Artikel 314 bezeichneten Form einsehen.

Art. 533. Abschriften von Berufungen oder Protesten werden auf Wunsch allen Sachbeteiligten erteilt, dem Angeklagten unentgeltlich, andern Beteiligten gegen die bestimmte Taxe.

Art. 534. Gegen die von einer Partei eingelegte Protestierung oder Berufung kann die andre schriftliche Entgegnung oder Erklärung im Appellationsgericht bis zu dem Tage einreichen, der für die Verhandlung der Sache angesetzt ist.

Art. 535. Berufungen oder Proteste betreffs der kriminellen Verantwortlichkeit des Angeklagten hemmen die Vollstreckung des ganzen Urteils; solche betreffs Entschädigung nur in dieser Beziehung.

Art. 536. Hat ein zu Haft oder Zuchthaus bis zu fünf Jahren Verurteilter Berufung eingelegt, so kann er auf freiem Fufs gelassen werden, wenn er dem Gericht Pfand oder Bürgschaft stellt.

Ein zu höherer Strafe als fünfjährigem Zuchthaus Verurteilter wird in Haft genommen.

Art. 537. Eine Berufung oder Protestierung gegen ein Urteil, durch das der früher verhaftete Angeklagte freigesprochen ist, hemmt seine Freilassung nicht.

Gegen solche Angeklagte können auf Antrag des Staatsanwalts Maſsregeln dagegen ergriffen werden, daſs sie sich dem Gericht entziehen, wenn er die Absicht erklärt, gegen das freisprechende Urteil vor höherem Gericht zu protestieren. Die ergriffene Maſsregel darf Bürgschaftsstellung nicht übersteigen.

Art. 538. Nach Einlegung einer Berufung oder eines Protestes gegen ein nicht endgiltiges Urteil in vorgeschriebener Frist wird die ganze Sache unverzüglich dem Appellationsgericht vorgelegt.

III. Kapitel.

Prüfung der Berufungen und Proteste.

Art. 539. Bei Verhandlung von Sachen im Appellationsgericht werden die für Kreisgerichte gegebenen Bestimmungen mit den in den nachfolgenden Artikeln bestimmten Ausnahmen und Ergänzungen beobachtet.

Art. 540. Die Angeklagten und Sachbeteiligten werden vom Gericht zum Verhandlungstermin geladen. Nichterscheinen einer Partei hemmt die Sachverhandlung nicht.

Die in erster Instanz vernommenen Zeugen und Sachverständigen werden in zweiter Instanz nicht vernommen, auſser wo zur Aufklärung der Sache ihre nochmalige Vernehmung als nötig erscheint.

Ladung neuer Zeugen und Sachverständigen, die in erster Instanz nicht vernommen waren, ist dann zulässig, wenn das Gericht dafür erachtet, daſs ihre Aussagen sich auf Umstände beziehen, die wesentliche Bedeutung für die Sache haben.

Art. 541. Über Aufnahme der Verhandlung der Sache im Appellationsgericht ergeht eine Verfügung, die an dem dafür bestimmten Orte im Gerichte wenigstens zehn Tage vor der Verhandlung angeschlagen wird.

Art. 542. Ausgenommen die Fälle des Art. 358 erfolgt der Vortrag der Sache öffentlich.

Art. 543. Der Vortrag der Sache geschieht mündlich seitens eines Mitgliedes des Gerichts und umfaſst:

1. die Umstände, welche das Wesen der Sache ausmachen;
2. das vom Kreisgericht erlassene Urteil;
3. die Berufung oder den Protest und die etwa eingereichten Einwendungen der Sachbeteiligten, und
4. die auf die Sache bezüglichen gesetzlichen Bestimmungen.

Abgesehen hiervon werden im Vortrag auch die Dokumente und Akte verlesen, die wegen ihrer wesentlichen Bedeutung für die Sache vorgelesen werden müssen.

Art. 544. Die Berufung eines zum Vortrag nicht Erschienenen ist vollständig vorzulesen.

Art. 545. Nach Vortrag der Sache können die Parteien und alle Sachbeteiligten mündliche Erklärungen abgeben. Die mündlichen Erklärungen und die Sachverhandlung selbst dürfen die Grenzen der Berufung oder des Protestes nicht überschreiten.

Art. 546. Die im Kreisgericht vereideten Zeugen werden nicht nochmals vereidet, sondern erinnert der Appellationsgerichtsvorsitzende sie an ihren geleisteten Eid.

Art. 547. Handelt es sich um eine vom Angeklagten eingelegte Berufung, so kann die ihm auferlegte Strafe nicht nur gemildert, sondern auch ganz aufgehoben werden.

Art. 548. Strafverschärfung oder Auferlegung einer Strafe gegenüber einem im Kreisgericht Freigesprochenen ist in zweiter Instanz nur dann zulässig, wenn Protest seitens des Staatsanwalts oder Berufung seitens des Privatanklägers erhoben wurde.

Art. 549. Im Urteile des Appellationsgerichts ist genau und ausführlich anzugeben, aus welchem Grunde es das Urteil des Kreisgerichts ganz oder teilweise bestätigt oder aufgehoben hat und was es namentlich an Stelle eines aufgehobenen Urteils festsetzt.

IV. Kapitel.

Partielle Berufung und Protestierung.

Art. 550. Neben Berufung und Protest können bis zur Fällung eines Urteils partielle Berufungen und Proteste eingelegt werden:

1. über die Bestimmung des Gerichtsstandes für die Sache;
2. über die Frage, ob Verfolgung durch den Staatsanwalt oder einen Privatankläger und umgekehrt zuzulassen ist;
3. über Vornahme von Mafsregeln behufs Verhinderung der Entweichung des Angeklagten;
4. über Vornahme von Mafsregeln zur Sicherstellung der Forderungen von Ersatz für Schäden und Verluste.

Art. 551. Aufserdem sind partielle Berufungen zulässig gegen Verfügungen, welche wegen Nichterscheinens vor Gericht Beisitzern, Zeugen oder Sachverständigen und andern Personen Geldstrafe auferlegen, sowie gegen Nichtannahme von Berufungen gegen unrechtmäfsige Vollstreckung von Urteilen.

Art. 552. Berufungen und Proteste gegen Zwischenverfügungen des Kreisgerichts werden bei diesem Gericht binnen zwei Wochen seit Eröffnung jener Verfügung oder im Fall der Nichteröffnung seit Vornahme der Handlung angebracht.

Art. 553. Von der Bestimmung des vorstehenden Artikels sind Berufungen wegen Saumsal und unrechtmäfsiger Verhaftung des Angeklagten ausgenommen. Solche sind während der ganzen Dauer der Sachverhandlung zulässig.

Art. 554. Einlegung einer Berufung oder eines Protestes gegen eine Zwischenverfügung hemmt ihre Ausführung nicht, ausgenommen die Fälle, in denen das Kreisgericht, das dieselbe getroffen hat oder aber das Appellationsgericht, dem die Berufung oder der Protest eingereicht wurde, es als nötig erachtet.

Art. 555. Auf Widerlegungen und Erklärungen gegenüber partiellen Berufungen finden die Bestimmungen des Artikels 534 Anwendung.

Art. 556. Partielle Beschwerden wegen Nichtannahme von Kassationsbegehren werden unverzüglich nach Eingang dem Hohen Kassationshof vorgelegt. In diesem Fall müssen Einwendungen oder Erklärungen gegen die partiellen Beschwerden unmittelbar demselben Kassationshof eingereicht werden.

Art. 557. Partielle Beschwerden und Proteste werden sofort nach Eingang aufgenommen und vom Appellationsgericht in öffentlicher Sitzung behandelt.

Art. 558. Bei Behandlung partieller Beschwerden und Proteste entscheidet das Appellationsgericht nur die angeregten Fragen, ohne auf das Wesen der Sache einzugehen.

Art. 559. Nach Entscheidung der partiellen Beschwerde oder des partiellen Protestes seitens des Appellationsgerichts mufs das Kreisgericht bei weiterer Verhandlung der Sache sich nach dem Erkenntnis des Appellationsgerichts richten, aufser es würden neue Umstände entdeckt, die jenes noch nicht vor Augen hatte.

Art. 560. In der Verfügung betreffs unrechtmäfsiger Weigerung der Annahme einer Appellations- oder Kassationsbeschwerde wird zur Einreichung einer neuen eine ein- bis zweiwöchentliche Frist seit Eingang der Abschrift der Verfügung des Appellations- oder Kassationsgerichts gewährt.

Art. 561. Eine unrechtmäfsig zurückgewiesene Beschwerde kann zu gleichem Zweck von neuem eingereicht werden, wenn auch das Gericht eine Aufschrift betreffs Nichtannahme darauf gemacht hat.

V. Kapitel.

Beschwerden und Proteste gegen endgiltige Urteile.

A. Kassations-Beschwerden und -Proteste.

Art. 562. Beschwerden und Proteste im Kassationsweg sind nur gegen endgiltige Urteile, die nicht im Appellationsweg angegriffen werden können, zulässig.

Art. 563. Personen, die das Recht haben, Berufung oder Protest gegen nicht endgiltige Urteile einzulegen, können solche auch gegen endgiltige Urteile nur in der Beschränkung der nachfolgenden Artikel einlegen.

Art. 564. Wer keine Berufung oder Protestierung gegen ein nicht endgiltiges Urteil des Kreisgerichts einlegte, kann auch nicht Aufhebung eines endgiltigen Urteils des Appellationsgerichts in gleicher

Sache beantragen, wenn letzteres das Urteil der ersten Instanz bestätigt hat.

Art. 565. Wurde das Urteil des Kreisgerichts vom Appellationsgericht abgeändert, so können alle Sachbeteiligten, auch diejenigen, die keine Einwendung im Appellationswege machten, Aufhebung des endgiltigen Urteils des Appellationsgerichts erbitten.

Art. 566. Jeder Sachbeteiligte kann Aufhebung eines Urteils erbitten, wenn die zur Wahrung seiner Rechte, nicht aber der der Gegenpartei gegebenen Regeln verletzt wurden.

Art. 567. Beschwerden und Proteste gegen endgiltige Urteile werden vor Kreis- oder Appellationsgericht binnen zwei Wochen, gerechnet vom Tag der Verkündung des Urteils in endgiltiger Form, eingereicht.

Art. 568. Einwendungen und Erklärungen auf eingereichte Kassations-Beschwerden und -Proteste können im Hohen Kassationshof in der in Art. 534 vorgeschriebenen Form eingereicht werden. Betreffs Vollziehung der angegriffenen Urteile gelten die Regeln der Artt. 533—535.

Bemerkung. Einreichung einer Kassationsbeschwerde gegen ein endgiltiges Urteil hemmt die Vollstreckung erkannter Geldstrafen nicht, die als Strafe für eine strafbare Handlung oder als Ersatz der dadurch verursachten Schäden und Verluste auferlegt werden, soweit nicht der Verurteilte die nötige Sicherheit stellt. Im Fall der Nichtleistung einer solchen wird der eingezogene Betrag bis zu endgiltiger Entscheidung der Kassationsbeschwerde als Depositum beim zuständigen Gericht verwahrt.

B. Gründe zur Aufhebung endgiltiger Urteile.

Art. 569. Beschwerden und Proteste gegen endgiltige Urteile sind zulässig:

1. wenn bei Bestimmung des Verbrechens und der Strafart der klare Sinn des Gesetzes verletzt und unrichtig ausgelegt ist;
2. wenn Formalitäten und Formen verletzt sind, die so wesentlich sind, dafs ohne Beachtung derselben unmöglich dem Urteile die Kraft eines gerichtlichen Erkenntnisses beizumessen ist, und
3. wenn die Grenzen der Kompetenz oder Gewalt verletzt sind, die das Gesetz der Gerichtsbehörde verleiht.

Art. 570. Sind bei dem Verfahren in einer Sache Verletzungen von Formalitäten und Formen, die die Aufhebung des Urteils nach sich zögen, nicht vorgefallen, aber trotzdem zufolge Beschwerde oder Protestes die Anwendung des Gesetzes betreffs Bestrafung des Verurteilten als nicht gerechtfertigt zu erachten, so spricht der Hohe Kassationshof diese Unregelmäfsigkeit aus, hebt eine solche gerichtliche Verfügung auf und kann auch ohne Änderung der Bestrafung, wenn gerade das, was das Gesetz vorsieht, bestimmt ist, aber nicht in dem vom Urteil angegebenen Artikel des Gesetzes, unmittelbar selbst die Verletzung des Gesetzes und seine ungerechtfertigte Anwendung korrigieren.

Art. 571. Bei Zusammentreffen von Verbrechen kann die ungerechtfertigte Anwendung des Gesetzes auf die minder schwer strafbare Handlung, falls dieser Umstand auf die Bestimmung der Strafe für die schwerere keinen Einflufs haben konnte, keinen Grund zur Aufhebung des Urteils abgeben.

Art. 572. Ist ein Urteil nicht in Übereinstimmung mit dem Fragebogen des Gerichts und der Beisitzer gefällt oder die Strafe nicht gemildert, wo in dem Fragebogen der Sache bei Mitwirkung von Beisitzern mildernde Umstände für den Angeklagten anerkannt sind, so kann dies keinen Grund zur Aufhebung des ganzen Urteils abgeben, sondern nur zur Aufhebung der verhängten Strafe und Berichtigung der Sache nach jenem Beschlufs in Übereinstimmung mit den in dem Fragebogen festgestellten Fakten.

C. Prüfung der Kassations-Beschwerden und -Proteste.

Art. 573. Nach Eingang einer Beschwerde oder eines Protestes im Hohen Kassationshof bestimmt der Abteilungsvorsitzende den Termin zur Prüfung der Sache.

Art. 574. Keiner der Sachbeteiligten wird zur Prüfung der Sache im Kassationshof vorgeladen, aber niemandem Anwesenheit in der Gerichtssitzung verwehrt.

Art. 575. Der Vortrag der Sache erfolgt in öffentlicher Sitzung und zwar mündlich seitens eines der Gerichtsmitglieder in der dafür bestimmten Ordnung. Bei diesem Vortrag verliest derselbe die Akten oder die Dokumente, die wegen ihrer Wichtigkeit im Kassationsverfahren vorgetragen werden müssen.

Art. 576. Der Vortrag der Sache besteht in Darstellung

1. der Thatumstände, die sich auf den Gegenstand der Beschwerde oder des Protestes beziehen;
2. des angefochtenen Urteils;
3. der Gründe, auf die hin die Aufhebung des Urteils beantragt ist;
4. der auf die Sache anwendbaren gesetzlichen Bestimmungen und
5. der in ähnlichen Fällen vom Kassationshof erlassenen Entscheidungen.

Art. 577. Vor Feststellung der Entscheidung hört der Hohe Kassationshof die Ausführung des Staatsanwalts aufser über die in der Kassationsbeschwerde oder Protest in mündlichen Erklärungen der Parteien ausgeführten Gründe, auch über die von ihm selbst für Aufhebung des Urteils aufgefundenen an.

Art. 578. Die Prüfung und Entscheidung der vom Hohen Kassationshof festgestellten Fragen erfolgt in gewöhnlicher Form.

Art. 579. Der Beschlufs des Hohen Kassationshofes wird vom Abteilungsvorsitzenden öffentlich verkündet und die Entscheidung in endgiltiger Form nach den für Urteile gegebenen Vorschriften abgefafst.

Art. 580. Beschwerden gegen Entscheidungen des Kassationshofs sind unzulässig.

Art. 581. Wird das Urteil aufgehoben, so wird die Sache entweder an das Gericht, das jenes Urteil gefällt hat, oder an ein andres Gericht gleichen Ranges zu nochmaliger Verhandlung gesandt.

Ist die Sache dem Gericht übertragen, dessen Urteil aufgehoben ist, so wird sie von diesem Gericht in andrer Zusammensetzung entschieden.

Art. 582. Das Gericht, an das die Sache zu nochmaliger Verhandlung gewiesen worden ist, hat in Auslegung des wahren Sinnes des Gesetzes sich den Ansichten des Hohen Kassationshofs unterzuordnen. Beschwerden gegen Entscheidungen auf dieser Grundlage sind unzulässig; damit wird aber der Partei nicht das Recht entzogen, eine Kassationsbeschwerde wegen eines andern Grundes, zufolge neuer Verletzung oder Wiederholung gerade der Verletzungen, die zur Aufhebung des Urteils Anlafs boten, einzureichen.

Art. 583. Bei nochmaliger Sachprüfung kann die Strafe des Verurteilten nicht erhöht werden, wenn gegen das aufgehobene Urteil kein Protest des Staatsanwalts oder Beschwerde des Privatanklägers erhoben war.

Art. 584. Ist das Urteil zu gunsten des Angeklagten wegen Verletzung bei Anwendung des Strafgesetzes aufgehoben und bezieht es sich in seinem aufgehobenen Teil auch auf andre Angeklagte, die eine Kassationsbeschwerde nicht eingelegt haben, so hat die Entscheidung des Kassationshofs auch Geltung für letztere.

Art. 585. Ein vom Kassationshof bestätigtes Urteil ist von dem Gericht, das in der Sache entschieden hat, zu vollstrecken.

Art. 586. Entscheidungen der Strafabteilung des Kassationshofs, in denen der wahre Gedanke des Gesetzes erläutert wird, werden zu allgemeiner Kenntnis und einheitlicher Auslegung wie Anwendung veröffentlicht.

VI. Kapitel.

Wiederaufnahme von Strafsachen.

Art. 587. Vorstellungen der Mitglieder der Staatsanwaltschaft und Gesuche der Verurteilten selbst oder ihrer Verwandten oder Verschwägerten auf Wiederaufnahme gemäfs gesetzlicher Gründe in rechtskräftig gewordenen Sachen gehen an die Strafabteilung des Hohen Kassationshofes.

Art. 588. Als gesetzliche Gründe zur Wiederaufnahme des Verfahrens gelten:

1. Verurteilung mehrerer Personen durch verschiedene Urteile wegen eines und desselben und überdies eines Verbrechens, dessen Verübung durch einen der Verurteilten die Unmöglichkeit seiner Verübung durch einen andern darthut;
2. Verurteilung einer Person wegen Tötung eines Menschen, der sich später als noch lebend erweist, oder wegen eines andern Verbrechens, das nicht verübt wurde, und überhaupt Auffindung von Beweisen der Nichtschuld des Verurteilten;
3. Entdeckung von Fälschung von Dokumenten oder Unwahrheit von Aussagen, auf die das Urteil gegründet ist, und
4. Nachweis habsüchtiger oder sonstiger persönlicher Absichten der Richter oder Untersuchungsrichter in der Sache, wegen deren Wiederaufnahme ein Gesuch einging oder eine Vorstellung gemacht wurde.

Art. 589. Der Kassationshof überzeugt sich vorgängig in jedem Fall durch Kontrollierung in bestimmter Form von der Richtigkeit der Umstände, auf die das Wiederaufnahmegesuch in der Sache gegründet ist, und hebt alsdann, wenn er dieses Gesuch als beachtenswert erachtet, das in Kraft erwachsene Urteil auf und befördert die Sache zu nochmaliger Entscheidung an das zuständige Gericht.

Art. 590. Bei Aufhebung eines noch nicht rechtskräftigen Urteils wird die Vollstreckung bis zu endgiltiger Entscheidnng der Sache gehemmt, wobei nur Maſsregeln dagegen ergriffen werden, daſs sich der Verurteilte der Verfolgung und dem Gerichte entzieht.

Art. 591. Bei Wiederaufnahme einer Sache wegen Beweisen zu gunsten des Verurteilten wird die weitere Wirkung des angegriffenen Urteils unverzüglich gehemmt und das Schicksal des Verurteilten in allem erleichtert, was nicht das Ergreifen von Maſsregeln behufs seines Erscheinens vor Gericht betrifft.

Art. 592. Ist der ungerecht Verurteilte vorher gestorben, so wird die Wiederaufnahme der Sache vor Gericht durch den Verteidiger betrieben, der von seinen Verwandten oder vom Gericht ernannt ist.

Art. 593. Beschwerden und Gesuche wider Urteile in wiederaufgenommenen Sachen sind auf die gewöhnlichen Gründe hin zulässig.

Fünftes Buch.

Vollstreckung von Urteilen.

I. Kapitel.

Erwachsen von Urteilen in Rechtskraft.

Art. 594. Urteile erwachsen in Rechtskraft:

1. wenn in einer nicht endgiltig entschiedenen Sache in bestimmter Frist von Sachbeteiligten eine Berufung oder ein Protest nicht erhoben ist;

2. wenn in einer endgiltig entschiedenen Sache in bestimmter Frist von Sachbeteiligten eine Beschwerde oder ein Protest nicht erhoben ist;
3. wenn die Kassationsbeschwerde oder der Protest erfolglos geblieben ist.

Art. 595. Das Urteil erwächst in ganzem Umfange oder nur in einzelnen Teilen in Rechtskraft.

Art. 596. Wurde gegen das über mehrere Angeklagte ergangene Urteil Berufung oder Protest nur von einigen derselben erhoben, so gilt es rücksichtlich der übrigen als rechtskräftig geworden vom Zeitpunkt des Ablaufs der Frist zur Einreichung der Berufung.

Art. 597. Ein Urteil, gegen das nur bezüglich Zivilforderung Beschwerde erhoben wurde, erwächst in allen diese Frage nicht betreffenden Teilen in Rechtskraft.

Art. 598. Rechtskräftige Urteile werden vor ihrer Vollstreckung dem Ermessen des Fürsten durch den Justizminister anheimgestellt:
1. wenn der Angeklagte zum Tod verurteilt ist;
2. wenn das Gericht Strafmilderung gegenüber dem Verurteilten in einem die Grenzen der Richtergewalt überschreitenden Mafse oder Begnadigung des Verbrechers befürwortet.

Art. 599. Die auf das Urteil des Gerichts ergangene Allerhöchste Entscheidung wird durch den Justizminister unmittelbar dem Gerichte mitgeteilt, das das Urteil gefällt hat.

II. Kapitel.

Vollstreckung der Urteile.

Art. 600. Alle Mafsregeln der Vollstreckung von Urteilen, die den Kreis der unmittelbar gerichtlichen Handlungen überschreiten, gehören zur Obliegenheit des Staatsanwalts, dem Abschrift aller Urteile erteilt wird.

Art. 601. Der Staatsanwalt überträgt die Vollstreckung der Urteile den betreffenden Behörden und überwacht die pünktliche und ungesäumte Vollstreckung.

Art. 602. Handlungen, die polizeiliche Anordnungen erfordern, wie Beförderung Verurteilter an den Haftort oder Beaufsichtigung und Unterstellung derselben unter Aufsicht, liegen der Polizei ob.

Art. 603. Vor Vollstreckung von Urteilen gegen verurteilte Geistliche entkleidet die geistliche Behörde, der sie unterstehen, die Verurteilten ihrer geistlichen Würde oder ihres geistlichen Grades.

Art. 604. Die Vollstreckung von Urteilen, die auf zur Strafe auferlegte Geldstrafen lauten, wie auch von Urteilen betreffend Geldentschädigungen, die zur Befriedigung Verletzter für Schäden und Verluste zuerkannt sind, erfolgt durch Gerichtsvollzieher, die in diesem Fall entsprechend den Regeln über Vollstreckung von Entscheidungen in Zivilsachen vorgehen.

Beigetriebene Geldstrafbeträge führen die Gerichtsvollzieher an die betreffende Kasse ab.

Art. 605. In Rechtskraft erwachsene Urteile werden unverzüglich vollstreckt. Die Vollstrecker sind verpflichtet, genau das Urteil zu befolgen und den Aufträgen des Staatsanwalts zu entsprechen, durch den auch alle bei der Vollstreckung des Urteils sich ergebenden Hindernisse oder Zweifel zu gerichtlicher Entscheidung gebracht werden.

Art. 606. Von der erfolgten Vollstreckung setzt der Staatsanwalt das Gericht in Kenntnis.

Art. 607. Sind zur Vollstreckung des Urteils unmittelbar gerichtliche Handlungen erforderlich, so wird die Vollstreckung durch den Gerichtsvorsitzenden in der Gerichtssitzung behandelt. Das auf Freisprechung des Angeklagten lautende Urteil wird gleich bei Verkündigung seines wesentlichen Inhalts im Gericht vollstreckt. Der bisher verhaftet gewesene Angeklagte wird, falls er keines andern Verbrechens angeschuldigt ist, wegen dessen er in Haft gehalten werden mufs, sofort in Freiheit gesetzt.

Art. 608. Von der Regel der unverzüglichen Vollstreckung sind folgende Ausnahmen zulässig:

1. im Falle der Krankheit des Verurteilten, welche die Vollstreckung einer persönlichen Strafe an ihm hindert, wird diese bis zu seiner Genesung aufgeschoben;
2. die Vollstreckung von Strafen an schwangern oder unlängst entbundenen Frauenspersonen wird bis zum Ablauf von acht Wochen nach der Niederkunft aufgeschoben;
3. bei Flucht des Verurteilten wird die Vollstreckung des Urteils auf eine persönliche Strafe bis zur Auffindung verschoben; doch wird Ersatz von Schäden und Verlust, die durch die strafbare Handlung verursacht sind und allgemein von Geldstrafen ohne Aufschub aus seinem Vermögen bestritten.

Art. 609. Verurteilten, auch die zum Tode Verurteilten nicht ausgenommen, kann gestattet werden, unter gehöriger Aufsicht ihre Eltern, Ehegatten, Kinder, Brüder, Schwestern, Verwandte und Bekannte zu sehen.

Art. 610. Bei Vollstreckung der Todesstrafe sind folgende Vorschriften zu beachten:

1. Bevor die Strafe am Verurteilten vollstreckt wird, wird ein Geistlicher seines Glaubensbekenntnisses eingeladen, ihn nach den Vorschriften seiner Konfession entweder auf Beichte und heiliges Abendmahl vorzubereiten oder nur zu Bufse und Gebet. Der Geistliche begleitet den Verurteilten zum Richtplatz und bleibt bei ihm bis zur Vollstreckung des Urteils, indem er ihn auf das neue Leben hinweist, das sich ihm in jener Welt eröffnet;

2. der Verurteilte wird in Arrestantenkleidern auf den Richtplatz geführt, umgeben von einer Militärwache oder, wo solche nicht vorhanden, von einer Polizeiwache;
3. wenn der Verurteilte auf den Richtplatz geführt wird, beauftragt der die Vollstreckung des Urteils anordnende Staatsanwalt den ihn begleitenden Sekretär des Gerichts, laut das Urteil vorzulesen, und wird
4. danach das Urteil an dem Verurteilten durch Erhängen vollstreckt.

Art. 611. Über die Vollstreckung der Todesstrafe wird ein Protokoll aufgenommen, vom Staatsanwalt unterzeichnet und vom Sekretär gegengezeichnet.

Art. 612. Es ist verboten, die Todesstrafe öffentlich und an einem der Tage zu vollstrecken, die als Feiertage für den Verurteilten oder den Staat gelten. Sie ist an einem Werktage im Gefängnishofe, wenn möglich früh am Morgen zu vollstrecken.

Art. 613. Der Vollstreckung der Todesstrafe wohnt der Gerichtsarzt bei, der nach Konstatierung des Ablebens des Bestraften der Polizei die Beerdigung der Leiche aufträgt; wo kein Arzt vorhanden, wird diese Pflicht von einem Zivil-, Kreis-, Militär- oder sonstigem praktizierenden Arzte versehen.

Art. 614. Die zu Zuchthaus oder Haft Verurteilten werden an die für die Zuchthaus- oder Haftstrafe bestimmten oder die nächstgelegenen Haftorte verbracht. Den Vorstehern dieser Anstalten werden die über, Verurteilte gefällten Urteile abschriftlich mitgeteilt.

Art. 615. In den Zuchthäusern werden schwangere Frauenspersonen bis zur Entbindung, entbundene für acht Wochen nach der Entbindung vom Arbeitszwang entbunden; nach Ablauf dieser Frist wird denen, die Säuglinge bei sich haben, die Arbeit in dem Maſse erleichtert, das erforderlich ist, um möglichst Nachteilen für die Mutter oder ihren Säugling vorzubeugen.

Art. 616. Urteile, deren Veröffentlichung das Gericht in den vom Strafgesetz vorgesehenen Fällen angeordnet hat, werden vom Staatsanwalt durch Veröffentlichung im Staatsanzeiger auf Kosten des Verurteilten bekannt gemacht.

III. Kapitel.

Gerichtskosten.

Art. 617. Alle Kosten in Strafsachen werden aus den der Regierung zur Verfügung stehenden Summen bestritten. Bei Vollstreckung von Urteilen werden die in den nachfolgenden Artikeln angegebenen Kosten von denjenigen, denen sie vom Gericht auferlegt sind, beigetrieben, alle übrigen endlich auf Rechnung der Staatskasse gestellt.

Art. 618. Von den zur Zahlung der Gerichtskosten Verurteilten werden beigetrieben:

1. die Reisekosten der Personen, die Untersuchungshandlungen vornahmen;
2. die Vergütung für Sachverständige, Zeugen und andre Personen in den Fällen und in dem Mafse, wie unten bestimmt, und
3. die Kosten für Aufbewahrung und Versendung materieller Beweisstücke, Veranstaltung chemischer und technischer Untersuchungen und Einrücken verschiedener Bekanntmachungen in Zeitungen.

Art. 619. Im Dienst stehende Medizinalbeamte und auch frei praktizierende Ärzte erhalten, wenn sie zu gerichtsmedizinischen Untersuchungen aufserhalb ihres Aufenthaltsortes zugezogen werden, Entschädigung nach den Vorschriften betreffs Honorierung von Ärzten bei Vornahme gerichtsmedizinischer Untersuchungen in Strafsachen.

Art. 620. Sachverständige, die nicht Ärzte sind, sowie Zeugen und andre an der Sache nicht beteiligte Personen erhalten bei Zuziehung zur Untersuchung bei einer Entfernung von mehr als zehn Kilometern Reisegelder von zehn bis zwanzig Centimes für den Kilometer nach Ermessen des Gerichts, geladene aber für Eisenbahn- und Dampfschiffahrt für Hin- und Rückreise den Betrag für Plätze dritter Klasse. Aufserdem erhalten diese wie jene auch zu ihrem Unterhalt Tagegelder von ein bis zwei Lew für jeden Tag ihrer Abwesenheit vom Wohnsitz.

Art. 621. Besitzern oder Verwaltern von Apotheken und Laboratorien wird für die von ihnen bei gerichtschemischen Untersuchungen verwendeten Reagenzien Zahlung nach Feststellung des Gerichts geleistet.

Art. 622. Verpackungs- und Versendungskosten von Gegenständen, die einer chemischen Untersuchung zu unterziehen sind, ebenso sonstige Kosten für Versendung von Beweisstücken werden nach den Lokalpreisen der dazu verwandten Materialien, Arbeiter und Fuhren bezahlt.

Art. 623. Personen, denen die Verwahrung gepfändeter Haustiere aufgetragen wurde, erhalten Ersatz für ihre Fütterung; bei der Bestimmung des Betrages solchen Ersatzes wird jedoch auch der Vorteil in Anschlag gebracht, den diese von den ihrer Obhut anvertrauten Tieren ziehen konnten.

Art. 624. Die Ausgaben für Abdruck von Bekanntmachungen betreffs Aufsuchung von Gegenständen, die zur Untersuchung erforderlich sind, aufgefundener Leichen und Ausforschung Verdächtiger werden aus dem Vermögen der in der Sache für schuldig Erkannten bestritten.

Art. 625. Alle Gesuche, Erklärungen und Beschwerden in Verbrechens- und Übertretungssachen wie auch die Verhandlung derselben sind frei von Gerichtstaxen und Stempelgebühren.

Art. 626. Werden nach den Bestimmungen gegenwärtiger Prozeſsordnung den Sachbeteiligten Abschriften von Urteilen und andern Schriftstücken nur auf ihre Kosten erteilt, so wird von dem, der eine solche Ausfertigung fordert, ein Lew für jeden Bogen von fünfundzwanzig Zeilen auf der Seite erhoben.

Art. 627. Sachverständige, Zeugen und andre Personen, die zur Voruntersuchung oder gerichtlichen Verhandlung vorgeladen wurden, erhalten ihre Vergütung dafür auf Anordnung des Gerichts, bei welchem die Sache verhandelt wird oder zu verhandeln ist. Die Auszahlung dieser Beträge geschieht auf Verlangen der Personen, die ein Recht auf solche Vergütung haben. Ist das Verlangen vor dem Untersuchungsrichter gestellt, trägt letzterer bei Gericht deren Verabfolgung an.

Art. 628. Wer nicht bis zu Verkündung des Beschlusses Vergütung seiner Auslagen fordert, gilt als darauf verzichtend.

Art. 629. Die in den Betrag der Vergütung fallenden Reisespesen werden nach dem Tableau der kilometrischen Entfernung und für die darin nicht aufgeführten Orte nach der von der betreffenden ständigen Kommission gegebenen Auskunft berechnet.

Art. 630. Die die Untersuchung führenden Personen wie Gerichtsbehörden sind verpflichtet, detaillierte Rechnung über alle Gerichtskosten zu führen. Der Untersuchungsrichter reicht sofort nach Beendigung der Voruntersuchung die aufgestellte Rechnung dem Gerichte ein.

Art. 631. Bei einem von mehreren begangenen Verbrechen werden die Gerichtskosten den Hauptschuldigen und ihren Teilnehmern, die in gleicher Weise und solidarisch haften, auferlegt.

Art. 632. Im Urteil ist stets anzugeben, wem namentlich die Zahlung der Gerichtskosten auferlegt wird. Die detaillierte Berechnung der Gerichtskosten nebst Angabe, für welche Gegenstände sie verwendet sind, erfolgt jedoch in besonderer Verfügung, die nach Verkündung des Urteils festgestellt wird.

Art. 633. Ist ein Urteil rechtskräftig geworden, so wird die Verfügung über die zu ersetzenden Gerichtskosten den zur Zahlung Verurteilten oder denen, an die ihr Vermögen gelangt ist, durch die Ortspolizei eröffnet.

Art. 634. Erklären die zur Zahlung von Gerichtskosten Aufgeforderten die Berechnung nicht für richtig, so können sie in gewöhnlicher Form binnen zwei Wochen nach der an sie erfolgten Mitteilung der Rechnung Beschwerde einlegen.

Die auf Privatklage getroffene Verfügung unterliegt der Anfechtung nicht.

Art. 635. Wird die Person, der die Erstattung der Gerichtskosten auferlegt ist, zugleich durch gerichtliche Entscheidung zu Ersatz von Schaden und Verlust an die Partei angehalten, so wird zuerst letztere Forderung, dann die der Gerichtskosten beigetrieben.

Art. 636. Gerichtkosten werden nicht aus dem Vermögen derer beigetrieben, die vor Eintritt der Rechtskraft des Urteils verstarben, selbst wenn sie für schuldig erklärt werden. Ist aber der Schuldige nach Eintritt der Rechtskraft gestorben, werden die Gerichtskosten aus seinem Nachlafs bestritten.

Art. 637. Im Fall der Zahlungsunfähigkeit der zur Entrichtung der Gerichtskosten Verurteilten werden dieselben auf Rechnung der Staatskasse genommen.

Art. 638. Die Vollstreckung der Urteile betreffs der Gerichtskosten und der Geldstrafen erfolgt in der Art des Art. 604, indem die amtliche Vollzugsliste dem Gerichtsvollzieher ausgestellt wird.

Art. 639. Gegenwärtiges Gesetz hebt die Strafprozefsordnung der Allerhöchsten Verordnung vom 24. August 1878 und der Ergänzungsverordnung vom 3. Juni 1880, das Gesetz über die Fristen der Appellations- und Kassationsbeschwerden vom 18. Dezember 1880 und alle übrigen Strafprozefsverordnungen auf, die ihm widersprechen.

Die Strafprozefsordnung für die vor Friedensrichter gehörigen Strafsachen bleibt in Kraft, ausgenommen den durch Art. 63 gegenwärtigen Gesetzes aufgehobenen Art. 7.

Art. 640. Gegenwärtiges Gesetz tritt mit dem 1. Juli 1897 in Kraft.

Druck von Leonhard Simion, Berlin SW.

MIX
Papier | Fördert
gute Waldnutzung
FSC® C083411

Kolibri 360 GmbH
Ferdinand-Jühlke-Straße 7
99095 Erfurt, Deutschland
produktsicherheit@kolibri360.de